JEAN MARAIS

sans masque

NINI PASQUALI

JEAN MARAIS

sans masque

Entretiens avec
Bruno Lecoq et Alain Agostini

l'Archipel

Un livre présenté par Yves Derai

Si vous souhaitez recevoir notre catalogue et être tenu au courant de nos publications, envoyez vos nom et adresse, en citant ce livre, aux Éditions de l'Archipel,
34, rue des Bourdonnais, 75001 Paris.
Et, pour le Canada, à
Édipresse Inc., 945, avenue Beaumont,
Montréal, Québec, H3N 1W3.

ISBN 2-84187-546-6

À Jean, ce témoignage d'amour.

À Alain Agostini et Bruno Lecoq,
sans qui ce livre n'aurait
jamais pu voir le jour.

Jean Marais,
l'histoire de notre vie

Rien n'est écrit, pour peu que l'on soit réceptif aux appels du destin. Et rien n'est programmé, pour peu que l'on ose suivre une autre route que celle qui nous paraît déjà tracée par la vie.

Je n'ai jamais su ni comment ni pourquoi ma mère me mit au monde en Italie, près de Cuneo, en 1927. Je n'ai jamais su ni comment ni pourquoi Jean Marais nous choisit, mon mari et moi-même, pour parcourir ensemble l'ultime segment de sa vie. Ce que je sais, c'est qu'en 1927 ma famille était installée depuis des décennies à Vallauris, où mes parents étaient employés dans une ferme. Et que, en 1973, Jean Marais étant en danger, je n'ai pas eu à réfléchir longtemps pour décider que je devais – si j'en étais capable – lui venir en aide.

J'ai toujours tout accepté comme une chance, un défi à relever. Enfant, mes parents, empêtrés dans des difficultés dont je vous épargnerai le décompte, m'ont confiée à une famille d'adoption. Je ne me souviens pas avoir souffert de cet abandon. Mes parents d'adoption sont devenus « Parrain » et « Marraine ». Jean Marais, lui non plus, ne m'a rien caché : il était ruiné. Je suis devenue son ministre des Finances, sa sœur, son ombre.

Récompensées par un diplôme de comptabilité, mes années d'école me conduisirent à trouver en octobre 1940 un premier emploi dans une parfumerie de Vallauris, Raphel et Carbonnel. L'aventure dura quinze ans.

Chaque année, de juin à septembre, la commune organisait dans la rue une exposition de commerçants. On m'avait désignée pour m'occuper du stand Raphel et Carbonnel, l'un des plus importants. J'étais ravie de pouvoir passer quelques jours loin de mon bureau et de faire mes premières armes dans le commerce.

Le stand était voisin de celui d'un artiste espagnol dont j'ignorais tout : Pablo Picasso. Le peintre y présentait ses œuvres originales, ainsi que l'affiche de l'exposition dont la mairie lui confiait la réalisation chaque année. Quand il s'absentait, il me demandait de surveiller son échoppe, ce que je faisais bien volontiers, dans le naïf espoir d'y gagner quelques pièces. Mais mon illustre voisin n'était pas généreux et ne m'offrit pas un centime. Comme je m'étais aperçue qu'il n'était pas insensible au charme féminin, et au mien en particulier, je lui demandai de me dédicacer l'affiche de l'exposition, ce qu'il fit sans rechigner. Bien plus tard, je compris que je détenais une pièce de collection.

Lorsque la parfumerie qui m'employait déposa son bilan, je trouvai un emploi d'assistante de direction dans un cinéma. Ce poste me permit de découvrir les nouveaux films à l'affiche. C'est ainsi que je vis pour la première fois Jean Marais dans *Éléna et les hommes*[1], film de Jean Renoir avec Ingrid Bergman.

1. *Éléna et les hommes*, de Jean Renoir (1956), musique de Joseph Kosma, avec Ingrid Bergman, Jean Marais, Mel Ferrer, Jean Richard, Pierre Bertin, Juliette Gréco, Léo Marjane.

Bientôt, victime de la concurrence de la télévision, le cinéma dut fermer ses portes. Lasse de dépendre des autres, je décidai alors de monter ma propre entreprise. Je créai la première laverie automatique de Vallauris. L'affaire, vite rentable, me permit d'investir dans l'immobilier en achetant quelques terrains dans l'arrière-pays grassois. Je fis bâtir plusieurs maisons que je vendis avec succès.

Quelques mois plus tard, Marcel Viano, impresario, me présenta M. Badel, propriétaire du Vieux-Colombier, célèbre cabaret parisien dont une succursale était installée à Juan-les-Pins. Il me proposa d'en assurer la gérance. Je ne connaissais rien au monde de la nuit, toutefois j'acceptai avec enthousiasme cette nouvelle aventure.

Ma joie fut de courte durée. Maurice Tiola, que j'avais épousé en 1949, trouva la mort dans un accident automobile en 1957. En juillet 1960, j'épousai en secondes noces Jo Pasquali. Je connaissais déjà Jo, pour l'avoir vu naître et grandir. Maurice s'étonnait que ce jeune homme timide et réservé recherchât notre compagnie. À l'époque, il travaillait chez un célèbre potier de Vallauris, Robert Picault.

Mon mari disparu, Jo n'avait pas mis longtemps à me déclarer sa flamme, me précisant qu'il était amoureux de moi depuis longtemps. Il était alors appelé en Algérie. Notre mariage lui permit d'obtenir deux semaines de permission supplémentaires. Peu de temps après son retour, fin 1961, nous ouvrîmes notre poterie, rue Hoche, à Vallauris.

Reine des nuits de Juan-les-Pins, je devins femme de potier le jour ! Cette vie, quoique fatigante, me plaisait beaucoup. Elle me permit de rencontrer beaucoup d'artistes. C'est au Colombier que j'ai vu débuter toutes les nouvelles vedettes yé-yé : Dick Rivers – qui venait de Nice en voisin –,

Johnny Hallyday déjà accompagné de Sylvie, Vince Taylor, Petula Clark, Marcel Amont, Dalida, Jean-Jacques Debout, Richard Anthony et Eddy Mitchell, pour qui je préparais des omelettes qu'il dévorait dès qu'il avait terminé son show.

Jo, qui ne m'en avait d'abord trop rien dit, vivait mal cette double vie. Afin de ne pas mettre en péril notre couple, je finis par abandonner cette activité de noctambule pour ne me consacrer désormais qu'à la poterie.

À cette époque, j'approchais à petits pas de la cinquantaine, et ma vie me semblait déjà bien remplie. J'avais choisi de me mettre en retrait pour profiter du temps qui passe, veiller sur Jo et sur Marraine, qui vivait encore à nos côtés. J'étais loin d'imaginer la suite. Une voyante m'aurait annoncé : « Vous allez rencontrer un grand acteur sur lequel vous veillerez comme un frère jusqu'à sa mort », je crois que je l'aurais prise pour une folle. C'est pourtant ce qui arriva.

Jean Marais a croisé mon chemin, celui de Jo, et nous avons formé tous trois une nouvelle famille, unie par une incroyable tendresse. Cette rencontre est devenue « l'histoire de notre vie ».

Jean est parti voici cinq ans. Je ne saurais dire en quoi cette rencontre nous a transformés, Jo et moi ; j'ai parfois l'impression que nous sommes restés les mêmes. Pourtant, je sais que notre vie a changé de figure depuis cette rencontre. On ne vit pas dans l'ombre d'un monstre sacré, comme nous l'avons fait pendant trente ans, sans aventures et sans rencontres extraordinaires. Témoins privilégiés de la vie d'un Artiste – avec majuscule –, nous avons aimé au quotidien un homme unique, généreux, et tellement humain. Un homme au caractère complexe, pas toujours facile à vivre, mais qui a rempli mon existence en me poussant (il n'en fallait pas beaucoup !) à l'action sur tous les fronts. Nous n'avons pas vu passer ces trente années. Dans ce monde où l'ennui vous fossilise, nous pouvons dire que nous avons eu de la chance, beaucoup de chance.

Aujourd'hui, nous nous sentons orphelins. Jean a laissé un grand vide, mais son souvenir, toujours très vif, nous permet de remplir les jours gris. En faisant de nous ses héritiers, Jean nous a permis de nous occuper encore de lui. Régulièrement, on nous interroge, on nous sollicite pour émettre un avis, donner notre accord sur un projet, une publication. La ville de Vallauris, qui n'a pas oublié Jean, nous entoure chaleureusement. Ses amis, particulièrement Jean-Claude Brialy, viennent parfois nous voir, ses admirateurs nous envoient des documents… Nous sommes un peu devenus la mémoire du temple ! Les étoiles ne meurent jamais tout à fait – c'est une chance.

Jean ne croyait pas en sa postérité. Les années qui passent semblent lui donner tort. Nous avons choisi de partager en toute simplicité ces trente années de vie commune avec tous ceux qui l'ont aimé. Ce livre, Jean avait d'ailleurs projeté de l'écrire. Il voulait écrire la suite d'*Histoires de ma vie*[1]. Parler de notre rencontre, de sa sérénité retrouvée. Il n'a malheureusement eu ni le temps ni la force de se lancer dans sa rédaction. Nous n'avons pas son talent et nous lui en demandons pardon. Mais nous avons trempé notre plume dans l'encre de la vérité, sans rien maquiller ni rien travestir.

1. Albin Michel, 1975.

Nous avons aimé un homme avec ses forces et ses faiblesses, un homme sans masque. C'est lui que nous avons choisi de vous raconter.

Nini Pasquali

Ma Nini chérie
Je t'aime
Ton vieux Cabot
Jean

1. La rencontre

« Je n'ai jamais autant tourné »

Racontez-nous votre première rencontre avec Jean Marais…

C'était le 6 juin 1973. Jean avait décidé de faire de la poterie et, comme il ne faisait pas les choses à moitié, il s'était fait installer un four flambant neuf dans l'atelier de sa maison de Cabris. Peu de temps auparavant, il s'était rendu à Vallauris pour acheter de la terre, comme un vrai « pro », directement à l'usine qui est située à l'entrée du village, chemin du Tapis-Vert. Arrivé sur place, très sûr de lui, il a commandé au vendeur qui l'accueillait 200 kilos de glaise. Intrigué, le directeur de l'usine s'est approché et lui a demandé à quoi allait bien pouvoir servir une telle quantité. Jean lui ayant répondu qu'il avait décidé de se mettre au travail dès le lendemain, il s'est permis de lui donner un conseil : « 200 kilos de terre, ça fait beaucoup… Quelqu'un devrait peut-être guider vos premiers pas ? » Un peu surpris, Jean lui a répondu qu'il avait déjà un four et qu'il avait acheté quantité de livres sur le sujet. Pas vraiment convaincu, le directeur l'a conduit dans l'atelier de Jo qui se trouvait en face de l'usine.

Jean, qui ne s'attendait pas à un tel accueil, était ravi. Il a tout de suite demandé à Jo s'il accepterait de l'aider dans son apprentissage, et s'il préférait lui donner des leçons sur place, à Vallauris, où se rendre de temps en temps à Cabris. Jo savait que Jean disposait de tout l'équipement nécessaire pour travailler, puisque c'était son frère qui avait fabriqué le four. Jo l'avait d'ailleurs accompagné le jour où il avait fallu l'installer. Il n'a donc pas été surpris de voir débarquer Jean Marais dans son atelier, mais la proposition qu'il lui faisait – jouer les professeurs de star – ne lui disait trop rien. Pour se débarrasser de son célèbre visiteur, il lui a dit qu'il viendrait le voir chez lui. Le soir, de retour à la maison, il m'a raconté la visite de Jean Marais, en me faisant comprendre qu'il n'irait certainement jamais à Cabris…

Que représentait alors Jean Marais pour vous ?

Pour moi, pas grand-chose. Je n'étais pas tellement fan de l'acteur, et encore moins des films dans lesquels il avait tourné. Mais, peu de temps avant sa visite, la télévision avait diffusé *Balsamo* en feuilleton et, je ne sais pas pourquoi, j'avais bien « accroché ». Je n'avais raté aucun épisode et, d'une certaine façon, j'avais l'impression de mieux le connaître. C'est peut-être pour cette raison que j'ai immédiatement regretté la décision de Jo. Je trouvais ça dommage… J'ai donc laissé passer une semaine ou deux, et finalement c'est moi qui ai pris l'initiative d'appeler Jean. Je suis tombée sur Josette, sa gouvernante, à qui j'ai demandé de faire savoir à « monsieur Marais » que le tourneur viendrait quelques jours plus tard, c'est-à-dire le 6 juin dans la soirée. En fait, j'étais assez curieuse de voir à quoi ressemblait sa propriété ! Nous sommes donc montés tous les deux.

Comment avez-vous été reçus ?

Merveilleusement. Nous avons franchi la grille de la propriété, qui était ouverte, et nous nous sommes garés au pied de la maison, face au grand escalier qui conduisait à la terrasse. Jean, seul, nous y attendait. Il était très souriant et ressemblait exactement à l'image que je m'en étais faite. Jo m'a présentée et Jean nous a tout de suite proposé un verre, le temps d'échanger quelques banalités. Josette nous a rejoints. C'était une jolie femme d'environ trente-cinq ans. J'ai tout de suite compris qu'elle s'occupait de tout.

Nous avons souvent reparlé de cette première rencontre par la suite. En plaisantant, Jean disait que ce jour-là, alors que Jo venait de me présenter comme sa femme, il avait pensé : « Merde, il est marié ! » Il ajoutait, toujours en riant : « Je n'ai jamais pensé que je passerais ma vie avec toi, j'aurais préféré la passer avec lui ! »

Que s'est-il passé ensuite ?

Comme je savais que Jo était un peu réticent à l'idée de donner des cours à Jean, les palabres n'ont pas duré longtemps. Ils se sont rapidement rendus à l'atelier pour faire un premier point, je les ai suivis pour « ficanasser » un peu. C'était un bel espace de 50 m^2 d'où l'on apercevait la mer, au loin. Il y avait également des tableaux dans tous les coins, certains vraiment superbes. Comme la conversation est vite devenue technique, je les ai laissés travailler et je suis repartie bavarder avec Josette. C'est ainsi que j'ai appris que Jean Marais avait acheté la propriété à sa belle-famille, les Fouques, et qu'ils étaient voisins.

Très rapidement, Josette m'a fait comprendre que la situation de Jean n'était pas brillante. Elle n'avait pas besoin de le préciser. À mon arrivée, j'avais remarqué que la maison était dans un piteux état, le parc était à l'abandon et le mobilier de jardin très fatigué. Josette m'a ensuite proposé de visiter le reste du bâtiment ; cela n'a fait que confirmer mon sentiment. Ce jour-là, nous avons également fait la connaissance de la maman de Jean, Rosalie.

Comment s'est-elle comportée à votre égard ?

Pas très bien. Elle ne supportait personne. Toutes les femmes qui approchaient son fils étaient des traînées, et tous les hommes, des gigolos en puissance ! Mais je n'ai pas eu à lui en vouloir : quand nous l'avons connue, elle était déjà très diminuée. Nous l'avons rencontrée en juin et elle est morte en août, à quatre-vingt-six ans. En fait, elle n'a pas eu le temps de nous causer du tort, et nous ne l'avons pratiquement pas vue…

Comment s'est poursuivie la soirée ?

Jean nous a gardés à dîner. Il avait fait préparer une soupe de poisson par Josette et nous avons surtout parlé poterie. Nous nous sommes tutoyés dès le premier soir. Jo, de son côté, a mis plus longtemps.

Le premier cours de poterie a-t-il été concluant ?

Oui. Compte tenu de son âge, on peut même dire qu'il a vite appris. Jean était doué. Il savait exactement ce qu'il voulait. De l'avis de Jo, il était même particulièrement habile en modelage. Ce premier soir, mon mari a donc commencé par lui apprendre à mettre une boule de terre au centre du tour et à placer les mains de façon à obtenir un réceptacle aux bords réguliers. Je me souviens que Jo était un peu gêné à l'idée de lui tenir les mains, mais il n'y a pas cinquante manières de montrer à quelqu'un comment s'y prendre ! Cela demande du temps, mais le jour où vous maîtrisez enfin ce geste, vous pouvez dire que vous êtes potier. Ce qui, pour être honnête et malgré de bonnes dispositions naturelles, n'était pas encore le cas de Jean, dont les premières pièces étaient plutôt tordues !

Par la suite, Jo et lui se sont donc vus chaque semaine lorsque Jean n'était pas à Paris. Ce qui n'empêchait pas Jean, très motivé, de se mettre au tour lorsqu'il était seul à Cabris. Ce fut d'ailleurs l'origine d'une plaisanterie : quand on lui demandait pourquoi il ne tournait plus, il répondait : « Je n'ai jamais autant tourné de ma vie ! »

Quand êtes-vous devenus plus intimes ?

J'ai eu ce sentiment d'intimité pratiquement dès le premier jour. Il faut dire que Jean est tombé au bon moment. Je venais de perdre ma mère d'adoption dont je m'étais beaucoup occupée, j'avais du temps et de la place dans mon cœur. Je dois préciser que Jean ne m'a jamais rien demandé ; c'est toujours moi qui me suis proposée pour l'aider.

2. Opération de sauvetage

« Je ne suis jamais inquiet »

Comment a débuté votre « opération de sauvetage » ?

Tout a commencé avec les impôts. Comme j'accompagnais souvent Jo à Cabris, j'avais remarqué que Jean recevait de nombreuses visites d'huissiers. C'étaient des gars que je connaissais de Cannes ou d'Antibes. Un jour, je me suis permis de lui demander de me parler des dettes qui lui valaient ce défilé incessant. Il n'a pas eu l'air surpris et m'a tout de suite avoué qu'il devait beaucoup d'argent. Il m'a aussi expliqué qu'il avait pris l'habitude de vendre ses maisons pour rembourser ses dettes. Il n'avait pas franchement l'air inquiet. Comme pour me rassurer, il m'a confié qu'il avait vendu sa propriété de Marnes-la-Coquette au début des années 60 parce qu'il devait 70 millions de centimes au fisc. « À cette époque, m'a-t-il dit, j'avais la propriété de Marnes et j'avais déjà celle de Cabris, qui n'était pas achevée. J'ai mis les deux propriétés en vente en me disant : la première qui se vendra me dira où je devrai finir ma vie. » Et comme Marnes était en bon état, c'est cette propriété qui s'est vendue en premier.

Pensez-vous qu'il avait déjà envisagé de vendre la maison de Cabris ?

Aucune décision n'était prise, mais il devait y avoir pensé. Toujours est-il que j'ai eu beaucoup de mal à lui faire comprendre que la situation, cette fois-ci, était très différente : il était saisi de toute part et les huissiers n'allaient plus tarder à fixer une mise à prix à la hauteur de son passif. Je savais qu'après la vente aux enchères de sa maison, devenue inévitable, il ne lui resterait plus rien. En 1974, comprenant qu'il ne s'en sortirait jamais tout seul, j'ai décidé de prendre la situation en main pour lui éviter la catastrophe.

S'est-il tout de suite laissé prendre en main ?

Oui, il a toujours été d'accord pour tout. Il devait avoir un sixième sens et, manifestement, il avait déjà compris que je le sortirais du bourbier dans lequel il était empêtré. De mon côté, je dois dire que j'étais un peu fière de voler à son secours : je me suis sentie investie d'une mission.

Comme il ne fallait pas perdre de temps, je me suis mise immédiatement au travail. J'ai commencé par passer des accords avec ses créanciers, et plus particulièrement avec les impôts, qui étaient devenus très menaçants. En même temps, il a fallu lui faire accepter l'idée de restreindre son train de vie et de se séparer de Josette, à qui il devait des dizaines de milliers de francs. Je me suis fait ma première ennemie ! Quand Jean lui a annoncé cette décision, Josette a aussitôt pensé que j'avais cherché à l'évincer. Ce qui n'était pas vrai. Jean ne pouvait tout simplement plus la payer, il n'y avait pas d'autre solution. Elle ne l'a pas compris ainsi, et sans doute est-elle toujours persuadée que j'ai cherché à la léser. De mon côté, j'ai toujours pensé que, si j'avais été un homme, elle aurait réagi autrement. Toujours est-il que, grâce au succès de la galerie que nous avons ouverte plus tard, nous sommes parvenus à lui payer tout ce que Jean lui devait.

Pour résumer la situation, dès cette époque, je m'étais engagée dans une opération de sauvetage sans vraiment savoir si j'allais parvenir à sauver le naufragé ! Mais que pouvais-je faire d'autre ? Bien sûr, nous aurions pu passer notre chemin, mais ça n'était pas dans mon caractère. J'ai toujours pris mes décisions seule, et je m'y suis tenue. Je n'ai rien regretté non plus, même si, en mettant de l'ordre dans les affaires de Jean, je suis devenue la bête noire de son entourage… Mais j'en assume le désagrément car, quelque temps plus tard, Jean nous a avoué qu'à cette époque il avait songé au suicide. Il avait tout prévu pour partir en beauté : nager en pleine mer jusqu'à épuisement ou avaler un frelon !

Revenons-en aux dettes. Comment l'avez-vous tiré de cette ornière ?

J'ai demandé un jour à maître Bernard, un huissier de Cannes que je connaissais bien, s'il voulait bien se mettre d'accord avec tous ses confrères pour établir un seul et unique dossier de contentieux. Il a accepté de faire un tour de table, afin que l'on sache exactement ce que Jean devait. Cela n'a pas été évident, mais au bout de trois mois, il m'a rappelée pour me dire qu'il y en avait, en gros, pour 120 millions de centimes.

Pour Jean, cette somme ne signifiait rien et je dois reconnaître qu'il était vraiment inconscient des menaces qui pesaient sur lui. J'ai donc pris l'initiative d'organiser un rendez-vous à Cannes avec le patron du Trésor public. Je le connaissais par personne interposée. Je n'y serais jamais allée pour moi-même, mais pour plaider la cause de Jean, je me sentais pousser des ailes. Dès qu'il a pris connaissance de ma requête, il a accepté d'ouvrir le dossier afin de voir ce qu'il pouvait faire.

Le jour J, Jean m'a accompagnée au rendez-vous fixé. Malgré le passif, très important pour l'époque, le percepteur s'est montré bienveillant à l'égard de Jean et, pour le rassurer, il a commencé par lui dire : « Ne vous inquiétez pas, monsieur Marais, nous allons trouver une solution à votre problème. » Jean, qui était complètement à côté de la plaque, lui a répondu : « Mais je ne suis jamais inquiet, je pourrais même dormir sous les ponts ! » Je me suis dit : « Quel con ! Il est à deux doigts d'y coucher pour de vrai, et il fait encore le malin ! »

La discussion a tout de même porté ses fruits, puisque nous sommes passés d'une dette de 120 millions de centimes à 20 millions. À l'issue de notre conversation, le directeur du centre des impôts a demandé à Jean comment il comptait régler son ardoise. Jean lui a répondu sans se démonter : « Je vous paierai dès que je pourrai. » Le percepteur n'était pas d'accord, mais il a bien compris la situation. En me regardant, il lui a répondu : « Si madame Pasquali se porte garante, c'est d'accord. » C'est ainsi que je me suis portée caution de la dette de Jean Marais et que je me suis retrouvée obligée de retrousser mes manches !

Qui a pris la décision de vendre la propriété de Cabris ?

C'était un gouffre ! Après avoir mis de l'ordre dans ses comptes et passé des accords avec tous ses créanciers, je lui ai suggéré de se séparer de cette maison. Le problème, c'est qu'avant de chercher à la vendre il fallait la remettre en état. Je me suis donc adressée à une société de Cannes qui m'a établi un devis de 150 000 francs pour les travaux de restauration. Comme je m'étais déjà mis 200 000 francs sur le dos, ça n'était pas possible. Il a fallu se débrouiller autrement. Tous les week-ends, profitant de l'absence de Jean, nous recrutions tous les copains que nous pouvions trouver et nous partions pour Cabris faire le boulot.

Combien de temps ont duré ces travaux ?

Nous avons commencé à Pâques pour terminer à la fin de l'été. Nous avons tout refait. Les hommes travaillaient à l'extérieur et les femmes à l'intérieur. Pendant ce temps, Jean était à Paris : il cherchait du travail qui ne venait pas. Quand il redescendait sur la côte, il n'en croyait pas ses yeux.

Lorsque tout a été terminé, je lui ai annoncé qu'il fallait désormais la vendre, si possible en viager. Au début, il a été un peu surpris. Faisant allusion au film de Pierre Tchernia[1], il m'a dit : « Ce n'est pas possible, je suis au cinéma ! » J'ai dû patiemment lui expliquer que j'agissais dans son seul intérêt pour qu'il me laisse faire. C'était la meilleure formule pour lui. Je m'étais dit que, si nous devions nous fâcher un jour, il lui resterait au moins ce revenu pour ne pas se retrouver à la rue.

1. *Le Viager,* de Pierre Tchernia (1971), avec Michel Serrault, Michel Galabru, Claude Brasseur, Rosy Varte, Odette Laure, Jean-Pierre Darras, Yves Robert, Jean Richard, Gérard Depardieu, Jean Carmet. Michel Serrault y interprète un paisible sexagénaire condamné par la médecine, contraint de vendre sa maison en viager. Mais la mort ne veut pas de lui…

Lui, dans sa tête, s'était imaginé finir ses vieux jours à la Villa Rachel, une maison de retraite pour artistes installée au Cannet, près de Cannes. Mais pour entrer dans cette maison de retraite, il fallait de l'argent et il n'en avait pas ! Nous n'avions pas le choix.

Lorsque nous avons mis en vente, Jean-Paul Belmondo s'est tout de suite porté acquéreur. Malheureusement, le jour de la signature, son agent m'a appelée pour me dire qu'il ne voulait pas de viager. Comme nous avions un acheteur belge – le propriétaire des Boîtes à Pull – qui nous faisait une proposition ferme en acceptant ce montage, nous avons signé avec lui. Le plus important, pour moi, était de préserver l'avenir de Jean.

Combien avez-vous vendu Cabris ?

Quatre millions. Deux millions ont été réinvestis dans la maison de Vallauris et deux millions ont été placés en rente viagère chez un notaire.

Comment vous est venue l'idée d'ouvrir une galerie ?

C'était la suite logique : il fallait bien faire quelque chose ! Comme Jean travaillait au tour régulièrement et qu'il s'en tirait de mieux en mieux, j'ai fini par lui demander ce qu'il comptait faire de tous ces pots qui s'entassaient dans son atelier. Il m'a répondu qu'il comptait les donner à des amis. C'est ainsi qu'il avait réalisé deux brûle-parfum qu'il offrit ensuite à son ami José Artur. C'était généreux, bien gentil, mais dans sa situation, cela ne pouvait durer qu'un temps. Je lui ai donc demandé si cela lui plairait d'ouvrir un magasin ensemble. À ce moment-là, je n'avais pas vraiment l'intention de le faire, mais j'y pensais : je cherchais une issue de secours. J'avais même fait un petit calcul et repéré une boutique. Elle n'était pas placée dans le quartier idéal, mais je m'étais dit : « Jean a un nom. Si les gens le cherchent, ils le trouveront. »

Quand j'ai évoqué cette possibilité, Jean m'a regardée avec ses grands yeux d'enfant perdu et il m'a dit : « Tu sais bien que je n'ai pas un sou : tout ce que je peux faire, c'est te donner mon nom. » J'ai décidé de tenter le coup en montant l'affaire avec mes économies. Comme je n'avais pas tellement d'argent, je suis restée sur cette idée de boutique mal placée. Dans l'immeuble que j'avais repéré, à l'exception d'une pharmacie, aucun emplacement n'avait été vendu. Ça s'annonçait plutôt bien. Et comme je voulais mettre toutes les chances de mon côté – c'est-à-dire dépenser le moins possible –, j'ai choisi le local le moins en vue, à côté d'un parking. Je suis allée voir le promoteur, qui m'en a quand même demandé 120 000 francs. J'ai discuté, en me gardant bien de dire qu'il s'agissait d'ouvrir une galerie pour Jean Marais, et j'ai fini par l'obtenir pour 90 000 francs. À Vallauris, tout le monde a pensé que j'étais devenue folle !

Durant cette période de « sauvetage », a-t-on, dans l'entourage de Jean Marais, essayé de vous mettre des bâtons dans les roues ?

C'est un bien grand mot. Jean ne parlait pas beaucoup de ce que je faisais avec lui et pour lui, si bien que personne n'a jamais imaginé que j'allais réellement l'aider. Ils ne savaient d'ailleurs pas vraiment comment je fonctionnais ni d'où je venais. Chacun devait penser que deux pique-assiettes de plus, Jo et moi, étaient entrés dans sa vie. Au début, en tout cas, personne ne m'a prise au sérieux.

Quand on a fini par réaliser ce que j'avais fait, c'était trop tard. Serge, son fils[1], a même dit que, s'il avait su, il ne m'aurait jamais laissée approcher Jean. Bien après, il a même confié à Jo que sa plus grosse erreur avait été de me sous-estimer. De mon côté, comme j'avais beaucoup de relations, dès que je rencontrais un problème un peu particulier à résoudre, je m'adressais à mon entourage. Les problèmes de Jean, c'était mon affaire : j'ai toujours eu pour habitude de me débrouiller seule, sans faire de commentaires inutiles.

Vous a-t-il fallu faire le tri dans ses relations ?

Oh, que oui ! J'y étais bien obligée, puisque Jean ne pouvait plus rien assurer financièrement. Il était tout à fait d'accord, mais cela ne l'empêchait pas, en cachette, de dire à ceux qui avaient pris de mauvaises habitudes : « Je vous recevrais bien, mais c'est Nini qui ne veut pas. » Il me présentait comme son ministre des Finances ou son ministre de l'Intérieur, disant à qui voulait l'entendre que j'étais redoutable. Il savait parfaitement que, dans sa situation, je n'avais pas d'autre choix, mais il aimait ménager son entourage et cherchait sans doute à préserver son image.

C'est d'ailleurs à force de l'entendre évoquer mes recommandations, pour finalement s'en féliciter, que ses plus proches amis ont fini par me regarder différemment. Au point qu'un jour,

1. C'est en 1962, dans un bar de Marnes-la-Coquette, que Jean Marais avait rencontré Serge Ayala. Il était, écrit-il dans *Histoires de ma vie*, « accoutré à faire pitié, les cheveux longs en désordre, une bouche épaisse, des yeux vifs et fiers ». Aussitôt, il décida de devenir son Pygmalion…

Raymond Gérôme[1] m'a demandé si je ne pouvais pas m'occuper également de lui. Quand il a entendu ça, Jean est intervenu tout de suite : « Comment peux-tu lui demander une chose pareille ? lui a-t-il dit. Elle ne sait déjà plus où donner de la tête ! » Quelques secondes plus tard, il m'a prise à part et m'a dit : « Tu ne vas pas t'embarquer là-dedans, hein ? » Mais pour moi, les choses étaient claires : il n'en était pas question !

Où habitait-il lorsqu'il séjournait à Paris ?

Au début, il descendait à l'hôtel Château-Frontenac. Son propriétaire était le mari de Christiane Minazzoli[2], qui avait acheté la maison de Marnes-la-Coquette. Jean était d'autant plus heureux d'y aller qu'il était persuadé de bénéficier d'une remise de 50 %. Un jour, je ne sais plus à quelle occasion, j'ai été amenée à payer la facture et j'ai découvert que la remise en question n'était pas de 50 %… mais de 50 francs ! Tout était comme ça avec lui !

---

1. Comédien français (Bruxelles, 1920-Paris, 2002), il débute au côté de Jean Marais dans *La Princesse de Clèves,* de Jean Delannoy (1961), puis tourne notamment sous la direction de Gérard Oury (*Le Cerveau*, 1968), Fred Zinneman (*Le Chacal*, 1972), Jacques Demy (*L'Événement le plus important depuis que l'homme a marché sur la Lune*, 1973), Philippe de Broca (*Tendre Poulet*, 1978), etc. En 1985, il met en scène Jean Marais et Edwige Feuillère dans *La Maison du lac*, d'Ernest Thompson, au Théâtre Montparnasse.

2. Actrice française née en 1931, elle débute au Théâtre National Populaire de Jean Vilar en 1952. Au cinéma, elle joue dans *La Confession de minuit* de Pierre Granier-Deferre (1963), puis tourne sous la direction de Michel Deville (*Lucky Joe,* 1964), Francis Lai (*Un homme libre*, 1972), Claude Chabrol (*Madame Bovary*, 1991 ; *L'Enfer*, 1994). En 1970, elle avait racheté à Jean Marais sa maison de Marnes-la-Coquette.

C'est pour cela que je me suis mise en quête d'un appartement que nous lui avons loué en 1982 à Montmartre, au 22 rue Morvins. Ça a duré jusqu'en 1986, jusqu'au jour où il m'a téléphoné pour me dire : « J'ai reçu un papier, c'est un congé. » Il ne savait pas ce que cela signifiait et n'avait donc pas compris qu'il allait devoir quitter les lieux. Je lui ai demandé de se renseigner et d'essayer de savoir pourquoi on lui demandait de partir. Pratiquement le jour même, il est allé trouver les gérants de la société civile immobilière dont dépendait l'appartement, et ils lui ont fait savoir qu'ils avaient l'intention de vendre. En me racontant ça au téléphone, il m'a précisé : « Je leur ai dit tout de suite : je n'ai pas d'argent pour acheter. » J'ai donc décidé de faire acheter l'appartement par la société qui m'avait servi à ouvrir la galerie, et nous l'avons reloué à Jean. Par la suite, comme j'avais un compte associé trop créditeur, le conseil juridique m'a conseillé de rééquilibrer les comptes en rachetant l'appartement à la société. C'est ce que j'ai fait en 1996.

3. La galerie

On nous a pris pour des fadas !

Comment vous êtes-vous concrètement organisée pour monter votre galerie avec Jean Marais ?

J'ai monté une société et je lui ai remis 50 % des parts. Je ne voulais surtout pas profiter de lui. Rien n'aurait été plus facile. Je me serais contentée de lui dire : « Jean, je monte une société, je te verserai des royalties. » Tout content, il aurait accepté. Mais je me suis dit : dans la mouise où il est, si moi aussi je profite de lui, il est foutu. Je lui ai donc donné la moitié des parts, auxquelles se sont ajoutés 10 % de royalties sur le chiffre d'affaires, pourcentage qui est passé à 15 % les dernières années.

Cinq ans après l'ouverture de la galerie de Vallauris, c'est lui qui est revenu sur nos accords en me disant : « Je sais ce que tu as fait pour moi et j'ai réalisé que, s'il m'arrivait quelque chose, tu aurais des ennuis avec Serge [*son fils*]. Je veux te redonner mes parts. » J'ai donc fait venir ma sœur du Canada et c'est elle qui a pris les parts de Jean.

Je dois ajouter qu'il s'était vraiment investi dans ce projet : c'est lui, par exemple, qui a acheté dans le quartier du Sentier le tissu pour couvrir les murs. Je lui avais demandé de ne pas choisir un tissu cher. Il m'a écoutée, un peu trop peut-être, car il était vraiment de mauvaise qualité ! En tout cas, le résultat – tout en bleu, vert et moquette au sol – a fait beaucoup jaser dans le village... À l'époque, tous les magasins de poterie avaient les murs recouverts d'un crépi blanc avec du carrelage au sol. On nous a pris pour des fadas !

Quand avez-vous ouvert ?

L'inauguration a eu lieu le 28 février 1975. J'ai encore les cartons d'invitation. Jean en a réalisé le dessin, très beau, qui représentait un vase couché d'où sortaient des fleurs. Le vernissage a attiré beaucoup de monde et quelques beaux articles ont annoncé la nouvelle.

La boutique, qui ne comptait qu'une seule pièce à l'époque, a démarré petitement. Au terme de la première année d'exploitation, de mars à décembre, nous avions réalisé 150 000 francs de chiffre d'affaires. L'année de la fermeture, pour la seule boutique de Vallauris, nous avons fini à 4 millions.

Comment avez-vous été accueillis par les potiers du village ?

Bien, mais ils n'y ont pas cru du tout ! Ils ont pensé qu'il s'agissait d'un caprice de star. À l'époque, Thilda Thamar[1] venait également faire de la poterie à Vallauris. Des années plus tôt, déjà, Cocteau et Picasso étaient venus au village faire de la céramique. Mais dans l'esprit des gens, il s'agissait de passades, de désirs d'artiste, pas d'histoires faites pour durer. Tant et si bien que l'on n'a même pas su

1. Actrice argentine (1917-1989) très populaire dans son pays, elle a notamment tourné en France sous la direction de André Hunebelle, Henri Verneuil, Claude Pinoteau, Georges Lautner, avant de se consacrer à la réalisation (*L'Appel*, 1975).

ce qu'ils pensaient du travail de Jean : on venait nous voir, mais personne ne donnait son opinion.

En fait, je crois qu'ils étaient très perplexes : pour eux, Jean Marais était un artiste avant tout, et ils s'imaginaient sans doute que nous n'allions présenter que des œuvres d'art à des prix extravagants. Mais comme, dès le départ, j'avais fait le choix de proposer des articles courants – des vases, des cendriers, des coupes, le tout agrémenté de la signature de Jean –, cela a dû les surprendre. N'oublions pas que mon objectif premier était de « faire de l'argent » pour sortir Jean de la galère ! Bien plus tard, devant notre succès, beaucoup ont cherché à copier le style de notre production, mais sans la signature de Jean, cela n'avait pas le même attrait.

Vous vendiez des tirages de poteries et modelages créés par Jean Marais. Quelle pièce remporta le plus grand succès ?

Sans l'ombre d'un doute, le photophore aux quatre visages. Je dois dire que le succès était général. C'est du reste ce qui nous a conduits à ouvrir plusieurs galeries. Après Vallauris, nous en avons ouvert une seconde à Paris, rue Saint-Honoré. Jean avait demandé à Mila Parely[1] de la

1. Actrice française née en 1917, elle débute en 1932 dans *Baby*, de Carl Lamac, puis tourne sous la direction de Fritz Lang (*Liliom*, 1934), Pierre Grémillon (*Valse royale*, 1935), Sacha Guitry (*Remontons les Champs-Élysées*, 1938), Georg Wilhelm Pabst (*Le Drame de Shangaï*, 1938), Jean Renoir (*La Règle du jeu*, 1939), Robert Bresson (*Les Anges du péché*, 1943), Max Ophuls (*Le Plaisir*, 1951), Henri Verneuil (*Paris Palace-Hôtel*, 1956). Au côté de Jean Marais, elle tourne en 1942 dans *Le Lit à colonnes* de Roland Tual, puis partage la vedette de *La Belle et la Bête* de Jean Cocteau en 1945. Elle fut l'une des rares amours féminines de Jean Marais.

tenir, mais elle n'a pas marché longtemps : ses qualités de vendeuse n'étaient pas à la hauteur de son talent de comédienne !

En 1981, j'ai ouvert encore une autre galerie à Megève, sur la place du village, qui a très bien marché. Nous l'avons fermée en 1996 ou 1997. Je me souviens avoir acheté le droit au bail une petite fortune : 750 000 francs. Nous en avons également ouvert une à Biarritz, mais comme il était trop compliqué de la gérer à distance, nous n'avons pu la tenir que quatre ans. Nous avons également organisé des expositions à droite et à gauche, notamment au Canada.

Peut-on dire que ces galeries ont sauvé Jean Marais de ses problèmes financiers ?

Oui, on peut dire que, pour lui qui ne comptait jamais, ça a été une belle affaire ! Il faut bien comprendre que, lorsque Jean jouait au théâtre, il n'en restait rien, ou si peu. Lorsqu'il touchait 12 000 francs pour une représentation, la moitié partait directement au fisc. Ensuite, il suffisait qu'il sorte avec la troupe le soir même pour qu'il dépense le reste ! Heureusement, grâce à la galerie, j'ai pu prendre tous ses frais en charge.

Vous est-il arrivé d'organiser des expositions à l'étranger ?

Oui, c'est arrivé. Notamment à l'occasion d'une tournée d'un mois que Jean devait faire au Canada. Profitant de cette occasion, j'avais décidé d'organiser une exposition des œuvres récentes de Jean à la galerie La Cimaise de Montréal. Claude Vallier était l'organisateur de cette manifestation. Par un curieux hasard, quelques jours avant mon départ, je croise Alexandre Kostanda[1], céramiste réputé à Vallauris, qui était également président du syndicat des potiers. Je lui parle de mon exposition au Canada et je le vois sourire : « J'espère qu'il ne t'arrivera pas ce qui vient de m'arriver à Boston lors de ma dernière exposition, me dit-il. Le lendemain de mon arrivée, mon marchand est décédé et je me suis retrouvé là-bas, complètement abandonné et sans interlocuteur. J'ai dû rentrer à Vallauris sans même que l'exposition ait eu lieu. » Sur le moment, je n'ai guère prêté attention à ses propos.

Arrivée à Montréal avec Jean, nous nous installons à l'hôtel. Peu de temps après, je rencontre Claude Vallier qui nous invite à nous reposer et nous fixe rendez-vous pour le lendemain à 11 heures. Le lendemain, comme convenu, nous l'attendons dans le hall de l'hôtel. À 11 heures, personne. À midi, toujours personne. Les heures défilent et je ne vois toujours pas mon Claude Vallier pointer à l'horizon... À 17 heures, Gaëtan, son secrétaire, arrive en larmes et m'annonce son décès ! Un peu sonnée, je me ressaisis immédiatement et lui demande où sont les contrats. Il me répond qu'ils doivent se trouver dans la chambre de Claude. Sachant que Claude logeait chez Gaëtan, je n'hésite pas une seconde et lui demande de m'accompagner chez lui.

Mon comportement avait surpris Jean. Comprenant que je demandais à voir Claude, un peu agacé, il me dit : « Mais tu le connais à peine ! » Il n'avait pas encore compris que ma demande

1. Né en Pologne en 1921, Alexandre Kostanda s'installe avec ses parents à Vallauris en 1929. Élève de Louis Giraud, il enseigne la céramique à Biot, puis ouvre son propre atelier à Vallauris en 1953.

n'était pas sentimentale. Claude Vallier possédait tous les documents concernant l'exposition et il fallait absolument que je les retrouve. Je les ai donc récupérés dans sa valise. Finalement, l'exposition a pu avoir lieu – sans Claude – et elle remporta un franc succès. Tout a été vendu le soir du vernissage.

Vous défendiez aussi les intérêts de Jean en tant qu'artiste. Votre tâche était-elle facile ?

Pas toujours, mais je ne me démontais pas. Lorsque nous l'avons accompagné à Paris pour inaugurer la place Marcel-Aymé, à Montmartre, j'ai dû faire preuve d'un certain toupet pour éviter que l'on se retrouve avec une belle ardoise. Pour cette occasion, on avait commandé à Jean une sculpture en bronze représentant l'auteur du *Passe-Muraille*[1]. Lorsque nous sommes arrivés sur place, j'ai demandé à Jean comment devait se passer le règlement. Rien, bien sûr, n'avait été convenu. J'avais payé le bronze et le fondeur, et personne ne me parlait d'argent !

Durant le repas, je me suis débrouillée pour me placer à côté d'Alain Juppé, alors premier adjoint chargé des finances à la Ville de Paris, et je me suis empressée de lui demander qui allait payer la statue. Il s'est renseigné : personne n'était au courant ! J'ai cru me trouver mal : il s'agissait d'une pièce unique, il y en avait pour 300 000 francs ! En voyant mon désarroi, Alain Juppé me dit : « Essayez de faire une facture. » Je lui demande si je dois la faire avec ou sans TVA. Il me répond : « Quelle est l'incidence ? » Étonnée – il était quand même

1. Inaugurée fin 1988, la place Marcel-Aymé est ornée d'un bronze de Jean Marais représentant l'auteur – qui vécut non loin, rue Norvins – sortant d'un mur.

chargé des finances ! –, je lui annonce le montant de la TVA, qui était à l'époque de 18,60 %. Il m'a suggéré d'établir une facture sans TVA et nous avons été payés bien plus tard.

Comment Jean créait-il ses nouveaux modèles ?

Cela venait comme ça venait, il n'y avait pas de règle. Il pouvait en faire trois ou quatre pendant deux mois, et puis ne plus rien faire du tout pendant six mois. Il demandait parfois à Jo de lui préparer les bases des pièces qu'il lui présentait sur un croquis détaillé. Lorsque le travail était bien avancé, Jean retravaillait ce que Jo avait fait selon son imagination. Leur collaboration était purement technique et pratique. Moi, je ne m'occupais pas de cette partie, je le laissais complètement libre, face à son envie, de créer ou pas. Mais si quelque chose ne « marchait » pas, je l'éliminais. De son côté, Jean me laissait également entière liberté, il ne cherchait même pas à savoir ce qui se vendait ou non.

Qui étaient vos clients ?

Il y avait de tout. J'avais tenu à ce que la production de Jean reste accessible, et c'est pourquoi nous proposions une majorité d'éditions réalisées à partir de moules. Nos prix allaient de 150 jusqu'à 50 000 francs pour une pièce unique. Les bronzes étaient évidemment plus chers. Ainsi, les gens qui venaient en vacances à Vallauris pouvaient repartir avec un souvenir signé de Jean Marais : c'était quand même mieux que de rapporter un bibelot impersonnel ! J'ai toujours pensé qu'il faut prendre l'argent là où il se trouve ; or, dans ce domaine, il faut bien comprendre qu'il y a plus d'acheteurs à petit budget que d'amateurs disposant de gros moyens.

Jean venait-il vous voir à la galerie ?

Il venait parader de temps en temps. Parfois il me demandait : « Tu veux que je vienne ? » Je lui répondais toujours par la négative. Parce que, quand il était là, la boutique était pleine à craquer, les gens demandaient des autographes, mais ils n'achetaient plus.

4. Ménage à trois

« Ninouchka, Ninouchka »

Jean se servait-il parfois de Jo pour vous faire passer des messages ?

Jamais ! D'abord, parce que Jo ne me les aurait pas répétés. Par ailleurs, Jean savait que je lui aurais sauté à la gorge en lui demandant pourquoi il ne s'était pas adressé à moi directement. Il me connaissait bien !

Jo vous parlait-il des progrès de son élève potier ?

Ça n'était pas nécessaire, puisque j'étais toujours là. Je voyais tout. D'ailleurs, comme j'ai vite compris moi aussi que Jean était plus doué pour le modelage que pour le travail au tour, je lui ai demandé de lever un peu le pied sur les leçons. Ce que Jean mettait beaucoup de temps à faire, il n'avait qu'à le faire lui. C'était plus rentable !

Comment votre mari a-t-il réagi lorsqu'il a vu que vous vous investissiez autant dans les affaires de Jean Marais ?

Jo a toujours été habitué à cette façon de vivre. Toute ma vie, je me suis investie dans des entreprises très différentes. Au départ, je n'y connaissais rien ; au bout du compte, je parvenais à mes fins. Avec Jean, c'était pareil, j'étais sûre de mon coup. Donc, pour Jo, cela n'a rien changé… Même s'il s'inquiétait un peu pour moi et se demandait parfois si j'y arriverais vraiment, il me soutenait. Il aurait pu être jaloux de notre relation ; il ne l'a jamais été. Il n'y avait de toute façon aucune jalousie à avoir : si Jean devait sauter sur un de nous deux, c'était plutôt sur Jo ! Et puis, au fil du temps, Jo est devenu son petit frère, son fils. Il lui disait toujours : « C'est toi que j'aurais dû avoir comme fils. »

Vous n'aviez pas d'enfants. Peut-on dire que vous avez été la nouvelle famille de Jean Marais ?

Oui, nous étions celle qu'il s'était choisie. J'ai été élevée par des gens qui n'étaient pas mes parents et plus particulièrement par une femme que j'appelais « Marraine ». Elle est décédée en 1972. L'année suivante, j'ai rencontré Jean. Comme je m'étais toujours occupée de Marraine, Jean a pris naturellement la suite dans ma vie. Peu à peu, nous avons reconstitué à nous trois une cellule familiale. Nous avons tout vécu avec lui, le bon, le mauvais, les péripéties… Je crois que personne n'aurait pu nous séparer.

Jean n'acceptait jamais une invitation sans nous. Il disait toujours : « Vous savez, je ne suis pas tout seul. » Cela ne posait pas de problème, mais il prévenait d'emblée. En revanche, quand je lui demandais de nous accompagner quelque part, il m'interrogeait toujours : « Est-ce que cela t'apporte quelque chose ? Est-ce bon pour nos affaires ? » Et si c'était le cas, il venait.

L'avez-vous vu pleurer ?

Il pouvait pleurer pour des choses banales, un film à la télévision, une broutille. Pourtant, il n'avait aucune raison de pleurer, parce que le malheur des autres ne l'atteignait pas facilement. Mais c'était par sentimentalité pure. En revanche, le jour où j'ai fait un malaise à Kourou – je suis restée dans le coma toute une nuit –, il a vraiment pleuré. On ne savait pas ce que j'avais, mais moi, j'entendais tout ce qui se disait autour de mon lit. Et ce crétin de médecin qui n'arrêtait pas de répéter : « Elle a bu ! » Intérieurement, j'étais énervée de voir Jean perdre complètement pied à l'idée qu'il puisse m'arriver quelque chose de grave et s'imaginer que c'était parce que j'avais bu, ce qui n'était évidemment pas le cas.

Vous a-t-il fait pleurer ?

C'est arrivé, mais c'était chaque fois pour des raisons très bêtes. Il pouvait être très blessant, très dur, surtout quand il était de mauvaise humeur. Lorsqu'il y avait ce genre de tension entre nous, je me repliais sur moi et je ne disais plus rien. Si j'avais des dossiers à voir avec lui, je remettais ça au lendemain.

De son côté, quand il y avait de l'électricité dans l'air entre nous, il s'arrangeait pour faire son courrier le soir même, ce qui lui permettait de revenir vers moi le lendemain matin comme si de rien n'était. Il fallait le voir faire ! « Ninouchka, Ninouchka… », m'appelait-il avec une voix toute mielleuse, comme si rien ne s'était passé. « Ninouchka, je t'ai apporté le courrier… » On aurait dit un vieux couple et, du reste, nous formions en effet un vieux couple. Il se moquait bien de ce que pouvait penser Jo : c'était lui et moi. Il avait fait son nid dans notre couple.

L'avez-vous suivi au Festival du film de Cannes ?

Oui. Nous avons été invités une fois à la projection d'un film de la sélection officielle dans lequel jouait Laurent Malet[1]. Après cette projection, nous avons tous été conviés à une réception organisée par la production. Jean était content d'y aller. Nous nous étions mis en frais pour l'accompagner. Malheureusement, durant la soirée, quelqu'un a renversé du vin sur le costume blanc tout neuf de Jo… Foutu ! La personne qui a commis cette maladresse s'est excusée et nous a immédiatement proposé de nous rembourser. Nous allions accepter, mais lorsque Jean a entendu ça, il m'a prise à part et m'a dit : « Tu ne vas pas accepter ? » Il voulait passer pour un grand seigneur et tenait beaucoup à son image, son panache. Le costume neuf de Jo n'a donc jamais été remplacé !

Non seulement le film était nul – je ne me souviens plus du titre, il y avait un cadavre dans un grand violon –, mais la soirée avait été encore plus nulle ! Mais nous participions rarement au Festival. Jean me demandait toujours si j'avais envie d'aller voir tel ou tel film, mais personnellement ça m'était égal : monter les marches, ça n'apporte rien et, en plus, il faut se maquiller, on se demande bien

1. Acteur français né en 1955, il débute dans *Haro* de Gilles Béhat (1976), puis tourne sous la direction de Claude Chabrol (*Les Liens du sang*, 1978), Joseph Losey (*Les Routes du Sud*, 1978), Claude Pinoteau (*L'Homme en colère*, 1979), Rainer Werner Fassbinder (*Querelle*, 1982), Claude Lelouch (*Viva la vie*, 1984), Jacques Demy (*Parking*, 1985), Andrzej Wajda (*Les Possédés*, 1987), etc.

pourquoi ! Et puis tout est si superficiel… On vous appelle « ma chérie » parce que vous accompagnez Jean Marais, mais il suffit que vous fassiez trois pas de côté et la même personne ne sait même plus qui vous êtes… C'est incroyable !

Je me souviens du soir de la projection du film de Bertolucci, *Beauté volée*[1], dans lequel Jean avait un joli rôle. Après la montée des marches et la projection du film, nous nous sommes tous retrouvés dans un palace de la Croisette, d'où nous devions repartir pour participer à une soirée. Ayant raté la première voiture qui devait me conduire à la fête, je suis montée dans celle qui suivait. Quand je me suis assise, on m'a demandé qui j'étais et où j'allais. J'ai eu un mal de chien à faire comprendre au chauffeur que j'accompagnais Jean Marais. Nous avons perdu du temps, tant et si bien que lorsque Jean est arrivé au rendez-vous, dans une superbe villa, constatant que je n'étais pas arrivée en même temps que lui, il a demandé à son chauffeur de faire demi-tour pour me retrouver… Comme nous le suivions malgré tout, nous nous sommes croisés presque aussitôt. Heureusement, car ce manège aurait pu durer toute la nuit !

Pouvait-il se montrer attentionné à votre égard ?

Il l'était. Par exemple, il n'aurait pas oublié mon anniversaire ou ma fête. Même malade. La dernière fois qu'il m'a souhaité bonne fête, c'était le 29 juillet 1998, jour de la Sainte-Marthe. Ce jour-là, il était particulièrement fatigué, mais cela ne l'a pas empêché de demander à Jo de le conduire à

1. *Stealing Beauty (Beauté volée),* de Bernardo Bertolucci (1995), avec Liv Taylor, Jeremy Irons, Sinead Cusack, est le dernier film dans lequel ait tourné Jean Marais.

Cannes afin de m'acheter quelque chose. Jo lui a répondu que ça n'était pas prudent et qu'il était préférable qu'il reste à la maison pour se reposer. Comme Jean insistait, il a dû lui retirer les clés de sa voiture ! Pour le rassurer, il lui a dit : « Tu lui feras une bise et ça ira bien comme ça. » Alors, Jean est parti dans son bureau où il a pris un bronze représentant son buste sculpté par Apelles Fenosa[1], et il a dit : « C'est un peu prétentieux, mais c'est mon cadeau. »

D'une façon générale, il me faisait des cadeaux somptueux. Il allait chez Hermès pour un oui ou pour un non. Pour un de mes anniversaires, il m'a offert un chemisier de cette maison. Comme je travaillais tout le temps et que je ne voyais vraiment pas ce que j'allais pouvoir en faire – c'était trop beau pour moi ! –, je me suis rendue à Cannes, sur la Croisette, pour le changer. Quand je suis arrivée à la boutique, on m'a immédiatement proposé une quantité de choses en échange : ça n'en finissait plus ! J'ai fini par demander à combien s'élevait mon avoir. À l'époque, il y en avait pour 9 000 francs.

Dans un tout autre registre, il faisait régulièrement de très beaux cadeaux à ses petits amis. C'est d'ailleurs pour cette raison qu'aujourd'hui, on retrouve régulièrement dans des ventes aux enchères des dessins de Cocteau, des tableaux, des objets ou des lettres qui lui ont appartenu. On pense toujours que c'est moi qui les mets en vente,

1. Sculpteur catalan (1899-1988), soutenu à ses débuts à Paris par Bourdelle puis Picasso, il a laissé une œuvre importante, pleinement engagée dans son temps et fécondée par les sciences, la poésie et la musique.

mais ça n'est pas le cas ! Entre ce qu'il a donné et ce que certains ont dû lui prendre sans qu'il s'en rende compte, ça fait des choses ! Dernièrement encore, chez Christie's, une lettre agrémentée de dessins, que Jean Cocteau avait adressée à Jean, est partie à 1 500 000 francs. Qui était l'heureux destinataire du chèque ? Je n'en sais rien.

Ne pouviez-vous rien faire pour empêcher cela ?

Il se gardait bien de m'en parler, mais j'ai vite compris comment ça se passait : il donnait principalement à Michel, son gigolo. Lorsque celui-ci rentrait à Paris, il se rendait directement chez Marcel, un antiquaire, patron du Chalet Maya. Mais Jean, qui n'était pas dupe, avait généralement téléphoné avant à Marcel pour lui dire : « Je lui ai donné ceci ou cela, s'il te le propose, rachète-le-lui, je te rembourserai. »

Avez-vous voyagé avec Jean ?

Avec Jo, nous l'avons souvent accompagné dans ses tournées. La plus longue, aux Antilles, dura cinquante jours. Jean adorait prendre l'avion, les voyages le mettaient de bonne humeur. Il emportait toujours très peu de bagages avec lui : un simple sac de sport faisait l'affaire. Pendant la tournée, il se levait vers midi et, après un repas vite avalé, il rejoignait sa troupe. De retour dans sa chambre, il ne sortait pratiquement jamais. Il lisait beaucoup. Il avait peu de goût pour le tourisme et ne s'intéressait pas aux curiosités locales. Il détestait envoyer des cartes postales, téléphonait peu… Un peu comme s'il en profitait pour mettre sa vie entre parenthèses.

Alliez-vous parfois au théâtre ensemble ?

De temps en temps à Paris, mais ici, à Vallauris, on ne sortait pas. Du reste, nous sommes uniquement allés au théâtre quand il était à l'affiche d'une pièce et nous n'en avons jamais vu d'autres. Il faut dire que ça n'était pas notre monde : nous avons découvert le théâtre en 1973 avec Jean, et nous avons mis un certain temps à y prendre du plaisir. Au début, Jo, qui ne « tenait » pas dans l'obscurité, s'endormait et se mettait à ronfler ! Quand Jean lui demandait comment il avait trouvé la représentation, il était bien en peine de lui donner son avis ! Je crois que la seule fois où il a pu suivre une pièce en entier, c'est à Vaison-la-Romaine, où se donnait *Le Roi Lear*. La pièce était jouée en plein air, et il est resté attentif du début jusqu'à la fin, tellement c'était beau. C'était malheureusement un rôle très physique et le dos de Jean ne s'en est jamais remis. Nous l'avons vu aussi plusieurs fois dans *Les Parents terribles*, qui reste une des pièces que nous avons préférées.

Pensez-vous que Jean vous aimait ?

C'est compliqué à dire. Je crois qu'il ne m'aimait pas pour moi, mais pour lui. Il faut que je m'explique : j'étais son ombre. Et je crois bien que, s'il m'était arrivé un malheur, pour le coup il se serait suicidé. Il se serait senti perdu. Il ne se serait préoccupé ni de Jo, ni de personne... Je ne sais pas si c'est cela que l'on appelle aimer.

En tant que femme, étiez-vous parfois un peu troublée par lui ?

Non. Mais je suis peut-être un peu spéciale ! J'ai toujours été habituée à travailler avec des hommes.

Je n'ai été impressionnée ni par l'acteur, ni par l'homme, ni par son physique. Pour moi, c'était mon père, mon frère : il n'y a jamais eu la moindre ambiguïté entre nous.

Vous le protégiez, mais lui arrivait-il de prendre votre défense ?

Si quelqu'un me traitait par-dessus la jambe, il risquait de le regretter ! Jean n'acceptait pas ça. Il pouvait se montrer très froid avec les « coupables ». Étant donné que je ne payais pas de mine et que je ne cherchais jamais à la ramener, c'est arrivé plus d'une fois. La plus drôle fut incontestablement le jour où j'avais décidé de lui acheter une belle voiture. Je me suis rendue chez Mercedes à Cannes, simplement vêtue d'un jean et d'un T-shirt. Je m'en souviens comme si c'était hier. J'entre chez le concessionnaire et je commence à regarder les modèles. J'aperçois un vendeur à qui je demande le prix de la voiture que je suis en train de contempler. Il me regarde des pieds à la tête et me répond sur un ton méprisant : « Oh ! ça, madame, c'est très, très cher… » Piquée au vif, je l'ai remercié et je suis allée chez Volkswagen où j'ai acheté une Golf décapotable.

Entre-temps, Novelli, le concessionnaire Mercedes de Cannes, nous avait demandé d'organiser une exposition des œuvres de Jean dans ses locaux. J'avais accepté cette invitation pour m'amuser un peu, sachant que je me rendrais au vernissage avec Jean et que nous trouverions bien une occasion de leur faire un pied de nez. Bien entendu, j'avais préalablement raconté à Jean ma mésaventure, lui précisant que l'on ne m'avait pas considérée comme une cliente sérieuse.

Lorsque nous sommes arrivés chez Novelli, un directeur est venu vers nous avec un large sourire. Au bout d'une petite minute, comme je m'y attendais, il a demandé à Jean : « Quand aurons-nous le plaisir de vous compter parmi nos clients ? » Il avait à peine terminé sa phrase que Jean est monté sur ses ergots et s'est exclamé bien fort pour que tout le monde l'entende : « Mais comment ! Nous aurions bien aimé, mais lorsque ma Nini est venue, on lui a répondu que c'était trop cher ! » Le directeur, complètement déboussolé, a demandé quelques explications complémentaires. C'est à ce moment que je suis intervenue. Sans me dégonfler, j'ai interpellé le vendeur qui m'avait mal reçue et je lui ai demandé de confirmer les propos de Jean. Cet imbécile n'a rien trouvé de mieux à dire que : « Ah, c'était vous ? » Je lui ai répondu : « Oui, il n'y a que la tenue qui change. » Pour clore le débat, Jean lui a balancé bien fort : « Eh bien ! maintenant, nous avons une Golf ! »

Après cette joyeuse petite vengeance, nous sommes restés assis quelques instants à bavarder avec des personnes qui étaient venues voir Jean. Le père Novelli – le grand patron de la concession – est arrivé un peu en retard. Alors que j'allais me lever pour le saluer, Jean m'a retenue très fort par le bras. Lorsque nous sommes partis, il m'a dit : « Que je ne te voie plus jamais faire ça. Une femme ne se lève jamais devant un homme. » Je peux vous dire que, maintenant, je ne me lève plus !

5. L'arrivée à Vallauris

Une récréation

Comment avez-vous conduit Jean Marais à s'installer à Vallauris ?

Avec l'argent dont il disposait suite à la vente de la maison de Cabris, je n'ai pas eu tellement le choix. J'ai rencontré à la poste de Vallauris un vieux copain à qui j'ai demandé s'il connaissait une propriété à vendre dans les environs. Il m'a trouvé une petite maison dans le haut Vallauris, chemin du Cannet. Je suis allée la visiter avec lui : elle coûtait un million de francs, auxquels il fallait ajouter 50 000 francs de commission. Je n'ai pas hésité une seconde. Je lui ai dit : « Je te donne les 50 000 francs et nous ferons l'affaire bientôt. »

Quand j'ai annoncé la nouvelle, tout mon entourage m'a dit : « Tu ne vas pas faire acheter ça à Jean Marais ! » Mais l'affaire n'était pas si mauvaise : il y avait 9 500 m^2 de terrain et une maison plutôt modeste… Ça n'était pas si mal. Tout était calculé au centime près.

Jean en a été très heureux. Comme il disposait d'un million de francs pour les travaux, il a immédiatement fait ajouter trois ateliers à la maison : un pour la poterie, un autre pour la peinture et un dernier pour le dessin. Une piscine et le préau ont suivi. Par la suite, nous avons fait construire une autre petite maison sur le terrain.

La maison de Jean était donc trop petite ?

Non, mais je connaissais les responsables de la société Breguet avec qui j'avais été en contact pour mes affaires. Quand ils ont su que j'étais proche de Jean, ils m'ont fait une proposition : ils voulaient absolument construire quelque chose pour lui, pour faire leur propre publicité. Nos moyens étaient très limités, mais nous avons trouvé un terrain d'entente. J'ai payé cette petite maison 290 000 francs, un prix très réduit. C'était une sécurité supplémentaire pour Jean qui aurait pu, en cas de souci, la louer ou la revendre.

Combien de temps ont duré les travaux d'aménagement de cette nouvelle maison ?

Un peu plus d'un an. La maison a été terminée en 1981. Entre-temps, Jean a vécu dans un chalet que je possédais à Antibes. C'était un mobil-home discrètement blotti dans la forêt, que j'avais complètement réaménagé à la façon d'un chalet canadien, avec de gros rondins de bois. Je me souviens qu'à l'époque, *Ici-Paris* a titré : « Jean Marais habite dans une cabane. » Mais ça n'était pas une cabane ordinaire et Jean, qui n'allait plus tellement à Paris, en était content. D'ailleurs, quand il a pu s'installer à Vallauris, j'ai vendu une propriété que j'avais et, avec Jo, nous avons pris sa suite dans le mobil-home, le temps de faire construire notre maison à côté du Préau.

Pouvez-vous nous décrire la maison de Jean ?

Elle était simple, mais très chaleureuse et confortable. Après avoir franchi un portail en fer forgé dessiné par Cocteau, on y accédait – on y accède toujours ! – par un chemin pentu et sinueux. À droite, lorsqu'on fait face à la maison, se trouve la porte d'entrée des ateliers. Au rez-de-chaussée, l'atelier de poterie, dallé de rouge comme la terre de Vallauris. Jean y créait ses nouvelles céramiques. Au premier étage, il avait fait installer son atelier de peintre aux murs blancs et, dans une petite pièce attenante, son atelier de dessin. Au fond de l'atelier de peinture trônait un imposant chevalet avec, de chaque côté, un buste de Michel Simon et le portrait de Marcel Aymé en passe-muraille.

L'entrée principale de la maison est au centre de la terrasse. Derrière cette porte en chêne, un petit couloir dallé de travertin, dont les murs étaient couverts de dessins de Cocteau, permet d'accéder à la cuisine et au salon. C'est dans cette cuisine que nous prenions nos repas lorsqu'il était impossible de manger dehors. Les murs étaient décorés de plats en céramique réalisés par Picasso. Elle s'ouvrait sur un jardin d'hiver.

Sur la gauche se trouvaient le salon et la bibliothèque où Jean avait placé un portrait de Jean Cocteau par André Quellier[1]. Au centre, un cerf en bois lui faisait face. Un lustre en bois de cerf sculpté était placé au-dessus.

Au fond du couloir à droite, une porte permettait d'accéder à la chambre de Jean. Il y avait installé la

1. André Quellier, né en 1925, est l'auteur d'une célèbre série de portraits de Marcel Marceau (1961). On lui doit aussi des portraits de Jean Cocteau (1960), Marcel Jouhandeau (1967), Gérard Philipe (1989), ainsi que les fresques ornant la chapelle des Pénitents, à Ramatuelle. En 1991, il a entrepris d'illustrer les *Fables* de La Fontaine en s'inspirant des gravures de Jean-Baptiste Oudry ; ces 360 tableaux sont exposés au musée des Fables et des Contes de La Fontaine, à Béziers.

grande table provençale qui lui servait de bureau, sur laquelle il écrivait son courrier. On y trouvait également deux magnifiques fauteuils en cornes de buffle et astrakan noir.

Face à son lit, une statue de saint Jean Baptiste en bois sculpté du XVIIe siècle, et au-dessus une grande crucifixion en bois bordée par deux angelots et deux appliques en céramique réalisées par lui[1]. Sur les murs, il avait accroché son autoportrait et un dessin de Picasso représentant Jean Cocteau. Ce dessin datait de 1915. Jean, qui ne s'en séparait jamais, l'emportait avec lui en voyage.

La salle de bains, face à la chambre, était équipée d'une grande baignoire et décorée d'une quantité de bibelots.

C'était vraiment la maison du bonheur. Un repère très intime, puisque seuls les proches de Jean y étaient conviés.

Pourquoi cette maison a-t-elle été baptisée « le Préau » ?

Lorsque Jean rentrait à Vallauris après des déplacements souvent longs et très fatigants – certaines tournées théâtrales duraient plusieurs mois –, il nous disait que le simple fait de retrouver ici ses ateliers et sa maison lui faisait l'effet d'une récréation. C'est ainsi qu'un jour, il a décidé qu'il lui fallait un « préau » pour ses récréations ! Il adorait cet abri qu'il avait fait superbement aménager et qui se situe à la gauche du bâtiment, en face de la piscine. Nous y prenions nos repas en été. C'est l'endroit le plus frais de la maison. Il est garni d'une cheminée en pierre du pays, elle-même surmontée d'une grande sculpture en bois du XVIIIe siècle

1. Voir cahier hors texte, p. X.

représentant un cerf, et d'une grande table rustique où l'on pouvait servir jusqu'à dix personnes.

À cette époque, comment se portait la carrière de Jean ?

Elle était encore en demi-teinte. Jean n'a vraiment refait surface qu'après s'être installé à Vallauris. On commençait à le redemander au théâtre, au cinéma. Je me souviens d'un déjeuner avec Jacques Demy à Vallauris : il était venu proposer à Jean un rôle dans *Parking*[1]. D'un autre côté, la galerie se développait, Jean touchait sa rente viagère : la situation s'améliorait...

1. *Parking*, de Jacques Demy (1985), avec Jean Marais, Laurent Malet, Francis Huster, Marie-France Pisier, Gérard Klein, Keiko Ito. Ce film, dont l'argument s'inspire du mythe d'Orphée, est un hommage déclaré à l'œuvre de Jean Cocteau. Jean Marais y apparaît, le visage peint en vert, dans le rôle d'Hadès, dieu de la Mort.

6. Jean et les autres

« J'ai décidé d'avoir de la chance »

Avait-il des inimitiés dans le métier ?

Nous ne lui en avons connu qu'une seule, Louis de Funès. Jean nous disait qu'il était odieux sur les tournages et qu'il passait son temps à emmerder les autres acteurs. Il n'y a qu'avec Jean qu'il n'osait pas la ramener, parce qu'il en avait physiquement peur ! Il avait fini par mettre une si mauvaise ambiance sur le tournage des *Fantômas*[1] que Jean a été obligé de le menacer de lui casser la gueule s'il ne changeait pas d'attitude ! Louis de Funès l'a si bien pris au sérieux qu'un jour, alors qu'ils tournaient tous les deux une scène au bord d'un volcan, sa femme est venue trouver Jean en lui disant : « S'il arrive quelque chose à mon mari, je vous tue ! »

Vous est-il arrivé d'être surprise par l'admiration qui lui venait d'autres acteurs ?

« Surprise » n'est pas le mot. Jean était une légende vivante, et tous les jeunes comédiens qui

---

1. Série de films d'André Hunebelle (*Fantômas*, 1964 ; *Fantômas se déchaîne*, 1965 ; *Fantômas contre Scotland Yard*, 1966). Jean Marais y interprète le triple rôle de Fantômas, de Fandor et du professeur Lefèvre, et Louis de Funès celui du commissaire Juve lancé à sa poursuite.

l'abordaient avaient naturellement dans le regard beaucoup de respect et d'admiration pour lui. Et il n'y avait pas que les jeunes !

En mai 1998, Tony Curtis a fait le voyage de Los Angeles pour exposer à Cannes, à l'Art World Gallery d'Alain Agostini. À peine descendu d'avion, il a demandé à « Ago » s'il pouvait lui faire la faveur de lui organiser une rencontre avec Jean. « J'ai vu tous ses films et plus de vingt fois *La Belle et la Bête*, lui a-t-il expliqué. Je considère Jean Marais comme un des plus grands acteurs au monde. » Comme nous accompagnions Alain ce jour-là, il n'a pas eu besoin d'insister. Jean étant très fatigué par la maladie, nous avons organisé la rencontre à Vallauris, à la galerie Sassi Milici. Je peux vous dire que la rencontre entre ces deux monstres sacrés avait quelque chose de surréaliste ! Le respect mutuel qu'ils se portaient était impressionnant. D'ailleurs, l'émotion l'a très vite emporté et a transformé cette rencontre en un grand moment de tendresse. Jean et Tony étaient fous de bonheur. De son côté, Jean était stupéfait de constater que son « confrère américain » savait tout de son activité théâtrale et de sa filmographie.

Avait-il beaucoup d'amis lorsque vous l'avez rencontré ?

Non, moins. Enfin, tout dépend de ce que l'on entend par « amis »... Les profiteurs qui s'invitaient à Cabris comme dans un hôtel ont perdu sa piste quand il s'est installé à Vallauris. Ils sont revenus quand ils ont trouvé le chemin de la galerie, mais cette fois je pouvais faire barrage. Comme ils ne savaient pas où se trouvait la maison, ils étaient bien obligés de passer par la boutique et donc par moi. Lorsque cela se produisait, j'allais en coulisse et j'appelais Jean discrètement pour savoir s'il souhaitait recevoir les personnes qui se présentaient. La plupart du temps, il refusait les visites. Cette façon de procéder l'arrangeait grandement. Nous nous étions rendu compte que beaucoup de gens profitaient de lui et qu'il n'osait pas les évincer. Il était trop bon et généreux : il ne savait pas dire non et cherchait toujours à faire plaisir. Vu la situation dans laquelle il se débattait, on ne savait même plus si c'était de la générosité ou de l'inconscience...

Par la suite, les choses se sont un peu arrangées. À Paris et dans son milieu professionnel, Jean devait avoir une dizaine d'amis très proches, tout au plus, sur qui il pouvait compter. On peut citer Jean-Luc Tardieu[1], Raymond Gérôme, Guy Tréjan, Jean-Claude Brialy, Edwige Feuillère... Pour le reste, il était plus sollicité que demandeur. Nous ne lui connaissions pas d'amis d'enfance. Seuls parmi ses amis de jeunesse, nous connaissions Paul Morihien[2], qui avait été le secrétaire de Cocteau, et l'abbé Mortreux, qu'il avait connu à l'armée.

---

1. Jean-Luc Tardieu a notamment mis en scène Jean Marais dans *Cocteau-Marais* au théâtre de l'Atelier (1983), qui fut un grand succès, ainsi que dans *Hernani* de Victor Hugo (1989).
2. Paul Morihien était maître nageur à la piscine du Racing Club, où Jean Marais s'entraînait au water-polo. En novembre 1941, il devint le secrétaire de Jean Cocteau. Lorsque celui-ci découvrit Jean Genet en 1943, il suggéra à Paul Morihien d'éditer clandestinement *Notre-Dame-des-Fleurs*, en collaboration avec Robert Denoël. En 1946, Paul Morihien fonda la maison qui porta sept années son nom et devint l'éditeur de Jean Cocteau *(La Difficulté d'être)*, Marcel Jouhandeau *(Carnets de Dom Juan)*, Jean-Paul Sartre *(Réflexions sur la question juive)* et bien sûr Jean Genet *(Querelle de Brest)*.

Comment se fait-il qu'il n'ait pas hérité de Jean Cocteau ?

Jean Cocteau a toujours exprimé le souhait que Jean devienne son héritier. Mais Jean n'étant pas un homme d'argent et, comme il n'avait pas non plus un goût particulier pour tout ce qui pouvait ressembler à des documents administratifs, il a réussi à convaincre Cocteau qu'Édouard Dermit[1] serait un héritier tout naturel. C'est ainsi que Cocteau fit d'Édouard – son secrétaire et ami – son légataire universel. Jean et Carole Weisweiller[2] occupaient respectivement les deuxième et troisième places en cas de décès prématuré d'Édouard.

En 1995, Édouard, que Jean appelait Doudou, est mort à l'hôpital. Jean est devenu, de fait, l'héritier de Cocteau. Mais entre-temps, Pierre Bergé, qui s'était beaucoup occupé d'Édouard durant sa maladie, lui avait fait signer un codicille ; par cet acte, il est devenu son légataire et donc celui de Cocteau. Ce changement de destination d'héritage a surpris Jean. Ne souhaitant pas se retrouver au milieu

1. C'est en juillet 1947, dans la librairie de Paul Morihien, que Jean Cocteau fit la connaissance d'Édouard Dermit, mineur lorrain âgé de vingt-deux ans. Il l'engagea comme jardinier dans sa maison de Milly-la-Forêt, mais « Doudou » devint très vite l'homme à tout faire de Milly et le bonheur quotidien de Cocteau.

2. Carole Weisweiller, fille de Francine Weisweiller – protectrice et mécène de Jean Cocteau de 1950 à 1963, qui lui ouvrit sa villa de Santo Sospir à Saint-Jean-Cap-Ferrat et le fit entrer aux éditions du Rocher –, a publié des souvenirs sur Jean Cocteau (*Je l'appelais monsieur Cocteau*, Éditions du Rocher, 1996, rééd. 2003 ; *Jean Cocteau, les années Francine. 1950-1953*, Seuil, 2003), ainsi qu'une biographie de Jean Marais (*Jean Marais, le bien-aimé*, Éditions du Rocher, 2002).

d'une procédure qui l'aurait rendu malade, il a pris la décision de renoncer à faire valoir ses droits. Il a écrit à ce sujet une lettre très explicite à maître Leplat, notaire à Antibes[1]. Mais le cœur n'y était pas. Pierre Bergé a eu beau lui expliquer qu'il n'avait pas voulu l'évincer, que Doudou avait beaucoup insisté, Jean s'est tout de même senti trahi. Surtout, il a eu le sentiment que les volontés de Jean Cocteau avaient été bafouées. Il s'est désisté malgré tout, ce qui a eu pour conséquence d'entraîner le retrait de Carole.

Aujourd'hui, je dois dire que ce triste épisode a été une bonne chose. Pierre Bergé s'était effectivement beaucoup occupé de Doudou, il l'avait assisté dans tous les moments pénibles passés à l'hôpital. Jean, de son côté, aurait été bien incapable de gérer une telle succession.

Plus tard, un autre conflit est intervenu entre Jean et Pierre Bergé. Jean Cocteau avait réalisé une suite de dessins très érotiques que seul Jean connaissait. Quand ils évoquaient ensemble ce recueil, ils parlaient pudiquement du « livre blanc », livre qui ne devait jamais être publié. Jean Cocteau avait même pris soin de faire jurer à Doudou qu'il respecterait cette promesse. C'est donc avec tristesse et colère que Jean a fini par apprendre que ces dessins avaient été édités par Pierre Bergé, sous le titre *Ils*, accompagnés d'un texte d'Annie Guédras[2].

1. Voir annexes, p. 173.
2. *Ils. Dessins érotiques de Jean Cocteau*, présentés par Annie Guédras, Le Pré-aux-Clercs, 1998. *Le Livre blanc* est également le titre d'un court roman de Jean Cocteau, d'abord paru anonymement en 1928, qui se présente comme un recueil de souvenirs et de fantasmes homosexuels. Cocteau l'illustra en 1930, désignant ainsi son auteur.

Les femmes qui côtoyaient Jean vous faisaient-elles des scènes de jalousie ?

Non, parce qu'elles étaient pratiquement toutes issues du milieu du théâtre ou du cinéma et que je n'avais rien à voir avec ça. On me parlait affaires, je répondais ; on me parlait théâtre, je ne répondais pas, j'écoutais. En agissant de la sorte, je ne pouvais pas me faire d'ennemies. J'avais une position confortable, parce que j'étais dans l'ombre et restais à ma place. Et puis, quand Jean était avec moi, il se tournait bien plus vers moi que vers les autres, peut-être par intérêt. Il me mettait toujours en avant.

Jean se rendait-il chez les artistes qui habitaient dans la région ?

Non, ou alors très rarement. La seule personne à qui il rendait visite régulièrement à Saint-Tropez, c'était Jean-Pierre Aumont. Mais d'une façon générale, il était beaucoup plus facile de faire venir les gens à Vallauris. Jean leur donnait rendez-vous à la galerie ; il parlait avec eux un bon moment, il était content de les voir. Il arrivait aussi que l'on reçoive des amis de Jean à la maison, mais c'était assez exceptionnel. C'était le cas pour Jean-Claude Brialy. Il y avait beaucoup de tendresse, d'amitié et de respect entre eux. Jean avait connu Jean-Claude quand celui-ci était âgé de dix-neuf ans.

S'est-il intéressé à la lutte contre le sida ?

Oui. Notamment le jour où Hervé Aeschbach, président de Sida Info Service, m'a demandé si Jean accepterait de réaliser un projet de carte téléphonique au profit de son association. La même demande avait été acceptée par le sculpteur Sacha Sosno[1] et les couturiers Sonia Rykiel et Christian Lacroix. Cette proposition a réellement suscité l'enthousiasme de Jean, qui a pu ainsi montrer qu'il se sentait très concerné par le problème.

Le prince Albert de Monaco, de son côté, avait accepté d'être le parrain de l'opération. Comme il souhaitait rencontrer Jean depuis très longtemps, un déjeuner a été organisé au restaurant Le Manuscrit, à Vallauris. Alain Agostini, qui devait organiser la dernière grande expo de Jean à Cannes, était là. Il y avait aussi Sacha Sosno, l'éditeur du magazine *Univers des Arts* Patrice de la Perrière et Hervé Aeschbach. D'emblée, le prince Albert dit à Jean toute son admiration. Très vite, la conversation s'est orientée sur les difficultés que rencontrait Sida Info Service pour réunir des fonds afin de mener à bien sa mission auprès des personnes atteintes par cette maladie.

Ensuite, après avoir échangé quelques mots sur la carrière de Jean, ils ont évoqué le souvenir de Grace Kelly. Puis, la discussion a pris un tour plus sportif et franchement footballistique, le prince ayant compris qu'autour de la table se trouvaient quelques fans de foot. En peu de temps, le déjeuner ne fut plus qu'un débat sportif !

Le repas terminé, après avoir offert au prince un bronze intitulé *Le Photophore visages*, nous l'avons raccompagné à sa voiture. À ce moment précis, Jean m'a saisie par le bras et m'a dit qu'il avait été

1. Alexandre Sosnowsky, dit Sacha Sosno, peintre né à Riga en 1937, ami de Matisse, d'Yves Klein, d'Arman, est souvent présenté comme le « théoricien » de l'école de Nice, qu'il présenta dans un célèbre article de 1961. Depuis 1977, il se consacre à la sculpture et à la mode.

très déçu de ne pouvoir donner son avis sur les coups francs de Michel Platini et les râteaux de Zidane, car lui ne comprenait rien au foot ! Il s'inquiétait même que son ignorance sur le sujet ait pu décevoir le prince ! Devant mon air un peu gêné – je n'avais rien compris non plus à cette conversation de supporters –, il a éclaté de rire en me disant que de toute façon, à nos âges, on ne pouvait guère espérer une reconversion dans le sport...

S'était-il engagé pour d'autres causes humanitaires ?

Il ne s'est retrouvé qu'une seule fois dans une manifestation, complètement par hasard, et cela l'avait beaucoup marqué. En se promenant dans Paris, il s'était fait happer sans le vouloir par un cortège de manifestants et il s'était aussitôt retrouvé en tête du cortège... Il s'agissait d'une manifestation communiste !

À titre personnel, il donnait beaucoup aux associations, chaque fois de belles sommes. Il pouvait donner facilement dix mille francs. Après le scandale qui a touché l'ARC[1], il a tellement été dégoûté qu'il n'a plus rien donné à personne.

Était-il engagé politiquement ?

Il n'a jamais voulu s'impliquer dans ce domaine où, disait-il, il était « infirme ». Mais il ne l'était pas autant qu'il voulait bien le dire. Je crois qu'il était

1. En juin 2000, Jacques Crozemarie, ancien président de l'ARC (Association pour la recherche sur le cancer), convaincu de recel d'abus de confiance et recel d'abus de biens sociaux, a été condamné à quatre ans d'emprisonnement et 2,5 millions de francs d'amende par la cour d'appel de Paris.

au courant de tout et qu'il aurait pu en surprendre plus d'un. Mais comme il fuyait la polémique, il trouvait plus commode de botter en touche lorsqu'on abordait le sujet. Je sais qu'il aimait bien Jacques Chirac, mais sa préférence, sa référence, c'était le général de Gaulle. Il votait à chaque élection et il y tenait.

Avait-il sympathisé avec un homme politique en particulier ?

Il voyait régulièrement Michel Poniatowski. Je ne sais pas s'il l'avait rencontré préalablement à Paris, toujours est-il que Michel Poniatowski, qui avait une propriété dans la région, au Rouret, l'a invité chez lui un été. Nous lui avons rendu son invitation quelque temps après, à Vallauris. C'est d'ailleurs à cette occasion qu'il lui a commandé une statue représentant un sphinx pour L'Isle-Adam, commune dont il était le maire[1]. C'était une commande payante. Comme j'avais été un peu échaudée par la mésaventure de la statue de Marcel Aymé, je suis tout de suite intervenue pour qu'il nous avance l'argent du fondeur. Il y en avait pour 300 000 francs. De son côté, Jean devait percevoir 500 000 francs pour son travail de création. Il n'a jamais été payé. Quand je lui ai demandé s'il souhaitait que j'intervienne pour réclamer son dû, il a refusé. Il faut dire qu'entre-temps le mari de Joëlle, sa nièce, avait été embauché à la mairie de L'Isle-Adam… Je crois même qu'il y est encore aujourd'hui et qu'il y occupe un poste assez important.

1. Cette sculpture, baptisée *Siaram* et située à l'entrée de l'allée Le Nôtre, représente un sphinx portant des bois de cerf.

« Ponia » a-t-il été « sympa » avec vous ?

Oui, il était très accessible, chaleureux et assez amusant. Il nous a expliqué comment faire passer de l'argent en douce à la douane en mettant les billets dans des feuilles de plomb. Pour un ministre de l'Intérieur, c'était plutôt original !

Jean avait-il conscience d'être une star ?

Oui, même s'il le niait souvent, par coquetterie. Quand je lui disais qu'il avait marqué le siècle, il prenait toujours un air étonné, comme si je lui apprenais quelque chose ! Pourtant, il était parfaitement conscient de son statut particulier. Il savait, par exemple, que tout devenait plus facile pour moi s'il m'accompagnait. Bref, il savait jouer au « Jean Marais ».

Quand il a perdu son husky, il a téléphoné à Télé Monte-Carlo en leur demandant de bien vouloir passer une annonce avec la photo du chien. Lorsqu'on lui a répondu que la chaîne ne passait jamais ce type d'annonce et qu'il était impossible de faire une exception, il l'a très mal pris. Il a dit à son interlocuteur : « Puisque c'est ainsi, moi aussi, lorsque vous me solliciterez, je vous répondrai que ça n'est pas dans mes habitudes de faire une exception et je ne ferai plus rien pour vous. » Et Télé Monte-Carlo a finalement accepté de diffuser son annonce. Avec succès, d'ailleurs, puisqu'on a retrouvé le chien au Cap-d'Antibes, dans la villa du producteur italien Dino de Laurentis !

Avait-il des amis journalistes ?

Nous ne lui avons pas connu d'amis très proches dans cette profession, pas plus que d'ennemis. Il ne cherchait jamais la polémique et se prêtait toujours de bonne grâce aux interviews, pour peu qu'on soit à l'heure au rendez-vous et que cela concerne son travail. Il disait que cela faisait partie de son devoir... Et si par malheur il était déçu par l'article ou l'émission qui s'ensuivaient, il se montrait plutôt fataliste : « C'est ma faute, disait-il, je n'aurais pas dû y aller, je n'aurais pas dû accepter. » C'est ce qui s'est passé, par exemple, avec Bernard Pivot, qui s'était montré un peu agressif en lui demandant d'évoquer ses rapports très privés avec Cocteau.

À la fin de sa vie, son approche des journalistes avait un peu changé. Lorsqu'il acceptait une interview, il me disait : « Je le fais pour leur faire plaisir, parce que moi, ça ne me rapporte plus rien. » Peu de temps avant son décès, il a dit plusieurs fois à Jo : « Tu sais, après ma mort, ils m'oublieront. » Il ne croyait pas du tout à sa postérité.

Lisait-il ce qu'on écrivait sur lui ?

Oui. Il annotait de sa main les erreurs qu'il décelait dans les textes qui lui étaient consacrés, et quand il n'était pas content, il nous le disait. Mais il n'aurait pas fait de procès à un journal à scandale, par exemple. Il avait bien compris que ces revues appartiennent à des groupes qui éditent des titres dont on peut toujours avoir besoin lorsqu'on est artiste.

Jean répondait-il au courrier qu'on lui adressait ?

Il répondait pratiquement à toutes les lettres... sauf quand elles faisaient référence à un article paru dans un journal à scandale. Là, il s'énervait en maugréant : « S'ils n'ont que ça à lire, ces cons ! » Et il jetait la lettre à la poubelle. Je n'avais pas personnellement accès à cette correspondance : il ne me faisait relire son courrier que lorsque c'était important pour nos affaires.

Comment recevait-il les compliments qu'on lui faisait ?

Aux journalistes qui évoquaient devant lui son énorme capacité de « travail », Jean faisait toujours cette même réponse, dans un grand éclat de rire, bien sonore et spectaculaire : « Je ne travaille pas, je m'amuse. » Il enchaînait en précisant que le mot « travail » était proscrit de son vocabulaire et qu'il en ignorait même l'orthographe ! Il exagérait un peu. Mais, comme il le faisait remarquer, avoir réussi à faire de toute sa vie l'accomplissement d'un rêve d'enfant était à ses yeux tellement miraculeux qu'il ne pouvait pas faire autrement que de remercier Dieu. « Il a fait beaucoup plus pour moi que moi pour lui », s'amusait-il à répéter. « Je suis un cas d'injustice, l'injustice même », disait-il aussi, en prenant soin d'ajouter : « Mais j'ai décidé d'avoir de la chance. »

Comment réagissait-il quand on l'abordait dans la rue ?

Il était toujours disponible et aimable. Quand je lui demandais si toutes ces sollicitations ne le fatiguaient pas trop, il me répondait, un peu comme pour les journalistes : « Tu sais, c'est mon devoir d'artiste, c'est eux qui m'ont fait. » Il n'aurait jamais voulu être désagréable avec quelqu'un. Cela dit, il ne supportait pas les gens mal élevés et il pouvait se montrer inflexible si l'on abusait. Je me souviens l'avoir vu exploser parce qu'une femme était venue le déranger alors qu'il se reposait au bord de la piscine de sa propriété de Cabris, tout simplement pour lui demander un autographe. Il faut reconnaître qu'il y avait de quoi…

Jean Marais avait-il encore beaucoup d'admiratrices ?

Bien sûr ! On ne compte plus les femmes qui étaient folles de lui et le harcelaient à longueur de journée. Il recevait des dizaines de lettres par jour. Ça s'est un peu calmé avec les années, mais il y a eu des cas mémorables. Je pense à cette fameuse Elga Hamel[1]. C'était une Allemande qui habitait le château de Malente, près de Lübeck, un somptueux domaine de deux cents hectares avec un lac immense. Fille d'un riche armateur, elle était programmée pour ne jamais rencontrer de vraies difficultés dans sa vie. Adolescente, elle n'a pourtant eu aucun mal à s'en créer un de taille en tombant folle amoureuse de Jean, dont elle regardait les films plusieurs fois par jour. Très vite, elle n'a plus eu qu'une idée en tête : le rencontrer, quel qu'en soit le prix. Elle est parvenue à ses fins lors d'un Festival du film de Berlin. Je ne sais plus comment elle s'était débrouillée, mais elle a réussi à s'infiltrer dans les coulisses en se faisant passer pour une journaliste. Cette année-là, Jean avait obtenu un

1. « Il [*Jean Marais*] l'avait connue toute jeune, alors qu'il habitait son *house-boat* au pont de Neuilly. […] Elle avait prétendu être journaliste pour lui demander une interview. Il avait accepté pour lui faire plaisir, l'avait longuement reçue chez lui. Huit jours plus tard, elle revenait avec un photographe. Un mois après, elle lui amenait un magazine allemand, *Film Magazin*, avec toutes ses photos et six pages de texte sur lui. En fait, elle était devenue journaliste grâce à ce reportage… De ce jour, Elga Hamel le suivit partout. » (Carole Weisweiller & Patrick Renaudot, *Jean Marais, le bien-aimé*, Éditions du Rocher, 2002, p. 350-351).

prix, le « Bambi d'or[1] ». Cela fit l'objet d'une conférence de presse à laquelle Elga assistait aux premières loges. Elle ne l'a plus jamais lâché…

Comment s'y prenait-elle pour le rencontrer ?

Ses moyens financiers étaient illimités. Elle avait décidé que, partout où serait Jean, elle serait aussi, et elle mettait sa volonté en pratique. Si Jean était à Vallauris, elle réservait une suite dans un grand hôtel de Cannes et lui envoyait des roses ou des chocolats tous les jours à la même heure. Elle lui téléphonait régulièrement.

Au début, Jean s'amusait de cette situation et acceptait même de répondre à ses invitations. C'est ainsi que tous les dimanches soir ou presque, nous nous retrouvions tous les quatre au restaurant du Novotel Montfleury, à Cannes. La même table nous était chaque fois réservée, dans un endroit peu agréable et très en vue de la salle à manger. Jo, qui détestait ces soirées, a fini par refuser de nous accompagner. Un soir, après le dîner, alors que nous nous apprêtions à partir, Jean a réalisé qu'il avait perdu les clés de la Golf. Il avait beau chercher dans chacune de ses poches, pas moyen de les retrouver. Elga ne s'est pas démontée : « candidement », elle lui a proposé de partager sa chambre ! Le choc fut si fort que Jean n'a pas mis longtemps à retrouver ses clés !

Quel âge avait cette femme ?

Elle n'a jamais voulu lui dire son âge ! Mais il a fini par le savoir en saisissant une opportunité

1. Jean Marais fut le premier lauréat du « Bambi » de Berlin en 1948, la lauréate étant l'actrice allemande Marika Rökk. Grâce à l'activisme d'Elga Hamel, il l'obtint quatre années de suite.

malheureuse. Un jour, alors qu'Elga avait été hospitalisée à la clinique de l'Espérance, à Mougins, Jean est allé lui rendre une visite de courtoisie. Il en a profité pour demander au médecin responsable du service s'il connaissait l'âge de la malade. Tenu par le secret professionnel, celui-ci a expliqué à Jean qu'il ne pouvait pas lui répondre, mais qu'en rentrant dans la chambre il n'aurait qu'à regarder la fiche de température au pied du lit et qu'il y verrait inscrite la date de naissance de son amie.

Supportait-il facilement d'être suivi par cette femme partout où il allait ?

Très honnêtement, cela l'agaçait un peu, mais que faire ? Il n'y avait vraiment pas moyen de lui échapper, même en partant pour un lointain voyage : dès qu'il arrivait dans un hôtel au Liban, en Égypte ou au Mexique, il la retrouvait dans une chambre voisine de la sienne ! Elle s'arrangeait avec la production pour être informée avant tout le monde de tous ses déplacements. Elle réussissait la prouesse d'être invitée aux réceptions – ou bien, si elle n'y parvenait pas, elle s'y invitait elle-même – et prenait systématiquement place à côté de lui, sans y avoir été conviée.

Jean a bien essayé de la chasser. Il ne la prenait plus au téléphone, ne répondait plus à ses lettres quotidiennes. Mais c'était peine perdue : Elga ne s'est jamais découragée et n'a jamais abdiqué. Pour se rapprocher de lui, elle est même allée jusqu'à investir beaucoup d'argent dans la réalisation d'un ouvrage intitulé *Mes métamorphoses*[1]. Ce livre lui a coûté une fortune.

1. Jean Marais, *Mes métamorphoses. 60 ans de théâtre et de cinéma*, éditions de La Martinière, 1997.

C'était un vrai « pot de colle », qui ne vivait que pour et par Jean. Mais si elle était un peu névrosée, elle était tout de même sincère. Elle ne s'est d'ailleurs jamais remise de la mort de Jean. Elle a même essayé, sans succès, d'acheter le caveau voisin de celui qu'il occupe au cimetière de Vallauris. Jean disparu, elle est repartie pour l'Allemagne où elle est morte de chagrin, quelques mois plus tard, dans son château. Cela aurait pu faire l'objet d'un beau film dont Jean aurait été la vedette involontaire pendant quarante ans.

Quelles qualités appréciait-il chez les autres ?

L'intelligence et surtout la simplicité. C'était quelqu'un de très observateur et, même s'il donnait souvent l'impression de ne pas être attentif à ce qu'on lui disait, il faisait attention à tout. Il lui suffisait d'un simple regard pour analyser une personne, et son jugement était toujours exact. D'une façon plus générale, c'était un interlocuteur agréable qui écoutait avec attention tout ce qu'on lui disait. Il savait aussi se montrer très chaleureux : quand quelqu'un lui plaisait, il le tutoyait au bout d'une heure.

Était-il conscient de son pouvoir de séduction auprès des femmes ?

Oui, il était conscient de tout. Il prétendait ne s'être jamais trouvé beau, mais il savait très bien qu'il plaisait tant aux femmes qu'aux hommes. Bien sûr, il aura séduit beaucoup plus d'hommes que de femmes, puisque ses relations féminines se comptent sur les doigts d'une seule main. Il prenait un soin tout particulier à se préparer chaque matin. Compte tenu de tous les produits que j'ai trouvés dans sa salle de bains, toutes ces trousses, ces crèmes, ces lotions, j'imagine qu'il devait passer toute la matinée à s'occuper de lui ! Paradoxalement, ça n'était pas quelqu'un qui utilisait sa beauté naturelle pour séduire. En tout cas, il ne donnait pas cette impression.

Avait-il le sentiment d'avoir participé à l'évolution des mentalités vis-à-vis de l'homosexualité ?

L'intelligence de Cocteau et la beauté de Jean ont contribué à faire évoluer l'image que les gens se faisaient de l'homosexualité, et il le savait parfaitement. C'est quelque chose dont nous parlions souvent ensemble. Il nous racontait que cela n'avait pas toujours été aussi évident et évoquait divers épisodes de sa vie où il lui avait fallu réagir énergiquement à certaines moqueries. Il nous a raconté comment, dans sa jeunesse, alors qu'il se promenait à vélo dans un quartier de Paris, quelqu'un l'avait hélé d'une terrasse en l'appelant « Jeannette ». Jean est descendu de son vélo tout net pour coller deux claques au provocateur. Ça n'a pas dû être triste, car c'était un taureau ! Mieux valait ne pas prendre un coup de poing de Jean, même à quatre-vingts ans ! Il pesait cent kilos et était tout en muscles.

7. La famille et l'enfance

Ni nostalgique ni fétichiste

A-t-il été affecté par la disparition de sa mère, en 1973 ?

Pas tellement. Elle était déjà très affaiblie quand elle est partie et, de son côté, Jean avait tellement de problèmes qu'il avait bien du mal à émerger. Quand il en parlait, ce qui était assez rare, il nous disait toujours qu'il l'avait passionnément adorée dans sa jeunesse, mais qu'il ne l'avait plus aimée sur le tard. C'était sans doute un peu exagéré car il s'est toujours occupé d'elle et l'on peut dire qu'elle n'a manqué de rien.

Ce que je sais, c'est qu'il n'aimait pas tellement qu'on lui fasse remarquer que, par certains côtés, ils se ressemblaient énormément. De temps en temps, pour le taquiner un peu, je lui montrais une photographie de sa mère et je lui disais : « Voilà à quoi tu ressembleras quand tu seras vieux ! » Cela avait le don de l'agacer : il avait du mal à accepter cette ressemblance physique, et même caractérielle. Heureusement, Jean n'a jamais connu de période de déclin ; il aurait sans doute été insupportable ! Au contraire, il a été formidable jusqu'au bout.

Quelle était sa situation familiale quand il est arrivé à Vallauris ?

Il était seul. Son frère Henri était mort dans les années 50. Serge Ayala, le fils qu'il a reconnu, s'était marié et ne venait pratiquement plus le voir… Il lui restait deux nièces, Joëlle et Dominique, les filles de son frère. Nous avons vu de temps en temps Joëlle, mais jamais Dominique. Elle n'est même pas venue à l'enterrement. Quand j'ai demandé à Joëlle pourquoi sa sœur n'était pas venue, elle m'a dit qu'elle avait été retenue par une obligation importante… Jean a toujours eu des rapports compliqués avec sa famille.

S'intéressait-il au moins à la famille qu'il s'était créée en reconnaissant Serge Ayala comme son fils ?

Pas vraiment, pour un certain nombre de raisons que je n'ai pas à commenter. À ce sujet, je me souviens du jour où il a participé à « Matin Bonheur », sur France 2. Pour lui faire une surprise, les responsables de cette émission avaient invité Mathieu, son petit-fils, le fils de Serge. Quand on lui a demandé s'il était content de le voir sur le plateau, tout ce qu'il a trouvé à dire, c'est : « Mais il n'est pas mon petit-fils ! »

Mathieu venait-il ici ?

Non… Je ne l'ai vu que tout petit, et puis, ensuite, à la télé. Je crois pouvoir dire que cela ne faisait ni chaud ni froid à Jean. Il a reconnu Serge, qui avait été son ami. À cette époque, la majorité était encore à vingt et un ans et la justice ne plaisantait pas avec ce genre de relation. Et puis, Cocteau avait bien adopté Doudou… Quand il a manifesté du regret devant cette paternité particulière, il était trop tard…

Évoquait-il son enfance avec vous ?

Il revenait souvent sur son passé, mais il n'était ni nostalgique, ni fétichiste : il n'avait pas conservé d'objet particulier lié à son enfance, tout juste quelques photos, et encore, il ne les regardait que si on le lui demandait, pour un article ou une émission. Il nous parlait de son frère Henri, dont il avait été longtemps tenu séparé, à cause de leur mère. Ils se sont retrouvés lorsque Henri a su qu'il était atteint d'un cancer. Jean l'a hébergé un temps dans sa maison de Marnes-la-Coquette. Mais hormis cela, il n'était pas nostalgique. Il n'avait pas de regrets non plus, ça l'amusait de nous parler de sa mère et de ses frasques, de sa vieille tante… On retrouve toutes ces anecdotes dans *Histoires de ma vie.*

Vous a-t-il parlé du jour où il a annoncé à sa mère qu'il était homosexuel ?

Oui. C'est d'ailleurs sa mère qui s'en est aperçue. Jean s'est contenté de lui dire que c'était vrai. Il lui a même demandé si elle savait pourquoi et, comme elle ne répondait pas, il lui a dit : « C'est parce que ton amant m'a violé. » Il a raconté cette scène dans *Histoires de ma vie* et il lui arrivait de nous en parler. Comme je trouvais cette explication un peu courte, un jour, n'y tenant plus, je lui ai dit : « Ça n'est pas parce qu'on t'a violé une fois que tu deviens forcément homo : c'est que ça t'a plu ! » « Oh ! mais bien sûr ! », m'a-t-il rétorqué en rigolant.

La vérité, c'est que cette attirance s'était manifestée depuis plus longtemps : Jean nous a raconté qu'il avait eu ses premières relations sexuelles avec son frère Henri, alors qu'il avait douze ans. Un jour, une des filles d'Henri est venue le voir à Vallauris, et Jean, qui était particulièrement de mauvaise humeur ce jour-là, le lui raconté. Il y a eu un froid !

Avait-il des regrets de ne pas avoir eu d'enfant et de ne pas avoir fondé une vraie famille ?

Non, mais nous en avons parlé. Au-delà de sa propre orientation sexuelle, je pense qu'il n'aurait pas supporté de vivre maritalement avec une femme, et encore moins d'avoir des enfants – même s'il a reconnu Serge, dans les circonstances que l'on sait. D'ailleurs, il me disait toujours : « Toi, tu n'as rien d'une femme. » Et c'est vrai que je me comportais avec lui comme si j'avais été un homme. C'est sans doute pour ça que nous nous sommes bien entendus. J'ai également pu constater que, parmi ses amies, celles qui n'avaient pas d'enfants étaient les plus nombreuses.

8. L'argent

Une générosité maladive

Malgré ses problèmes financiers, lui restait-il quelques œuvres d'art...

Pas grand-chose... Il avait déjà pratiquement tout vendu. Le reste, soit on le lui avait pris, soit il l'avait donné. L'argent lui filait entre les doigts. Il se comportait à cet égard un peu comme un enfant. Pour ne pas devoir dire « non », il était capable de me faire un enfant dans le dos sans la moindre gêne ! Il savait mentir à la perfection. Il avait hérité ça de sa mère. Vous l'auriez laissé seul avec de l'argent sur un trottoir, même s'il n'était passé personne, il aurait tout dépensé ! Il a été comme ça jusqu'à la fin. Quand il était malade, on faisait appel à des ambulances payées par la Sécurité sociale pour le conduire à l'hôpital. Mais si les ambulanciers étaient jeunes et beaux, il n'hésitait pas à leur donner 500 francs de pourboire. Il était ingérable ! Il a fallu que je mette de l'ordre et ça n'a pas été facile, même s'il était consentant. Et je ne vous parle pas des gigolos qui venaient gagner leur vie ici : il fallait que nous les ramenions à la gare !

Vous êtes-vous souvent disputés pour des motifs d'ordre matériel ?

C'était *toujours* pour des raisons matérielles ! Il trouvait que j'étais trop économe. Il m'est parfois arrivé de le menacer de partir, mais il me disait toujours : « De toute façon, où que tu ailles, je serai derrière toi. » Il était pire que mon mari ! Un jour, il m'a dit : « Ne crois pas que tu pourras partir très loin, parce que je te retrouverai partout. »

Il était très possessif. S'il lui arrivait de remarquer autour de moi une tête nouvelle, il venait me demander des comptes : « Qu'est-ce que tu lui trouves, à celui-là ? », me disait-il avec un air mauvais. C'est presque incroyable à dire, mais il me faisait des scènes... Il était pris de panique quand il ne me voyait pas pendant un certain temps. Un jour, alors que j'arrivais à Paris, il est venu me chercher à l'aéroport. Je ne sais pas ce qui s'est passé, mais je suis sortie par une autre porte que celle qui était prévue, et il a fait un bordel sans nom dans l'aéroport parce qu'il ne me trouvait pas !...

On a le sentiment que sa générosité était presque maladive...

Oui, c'est un de ses traits de caractère les plus étonnants : il était généreux, même lorsqu'il était complètement dans la panade. Il était capable de donner 400 francs de pourboire à un serveur ou à un chauffeur de taxi alors qu'il n'avait plus un sou en poche pour continuer sa route. Je pense qu'il voulait paraître. Cela peut sembler bien sympathique, voire attachant, mais c'était moi qui tenais les cordons de la bourse et qui, en gérant la galerie d'une main de fer, lui faisais gagner l'argent qu'il flambait de cette façon. Il agissait de manière irresponsable, mais sans doute imaginait-il que je serais toujours-là pour le sortir d'affaire et pour subvenir à ses besoins.

Quand il parlait de moi, il disait toujours : « Il ne faut pas parler d'argent avec Nini, parce qu'elle est économe. » Pour ne pas dire radine ! C'était quelque chose ! Je devais le suivre de près car il était capable de tout. Je me souviens d'une anecdote particulièrement salée. Il habitait encore à Cabris à cette époque et il était vraiment dans la dèche. Un jour, nous décidons de descendre à Cannes tous les trois. Avant d'arriver à la Ferme de Mougins, il nous demande de nous arrêter chez un antiquaire. Nous le suivons et je m'aperçois qu'il a repéré une table magnifique dont il demande aussitôt le prix. Elle coûtait 5 000 francs. Pour l'époque, c'était déjà pas mal ! Il hésite une petite minute puis signe un chèque. Moi, je savais que ce chèque était en bois. Je ne savais plus où me mettre. Quand nous nous sommes retrouvés seuls dans la voiture, je lui ai demandé : « Pourquoi as-tu fait un chèque, tu sais très bien que tu n'as plus un sou. » Je n'oublierai jamais sa réponse : « Si on n'a plus d'argent pour acheter à manger, on aura toujours la table ! » En attendant, on avait ramassé la table. Elle trône aujourd'hui encore dans sa salle à manger. Chaque fois qu'il y repensait, il me disait d'un petit air narquois : « Tu vois, on l'a toujours, la table ! » Et comme immanquablement je lui faisais remarquer qu'elle n'avait jamais été payée, il me répondait : « Mais qu'est-ce que ça peut faire ? » Il avait un petit fond malhonnête…

Dans le "Préau" de Vallauris, en 1993. *(ph. A. Villers)*

Rosalie, sa mère,
âgée de dix-huit ans. *(d. r.)*

1931. Jean Marais, 18 ans,
dédicace son portrait
à sa “petite maman chérie”. *(d. r.)*

Avec son frère Henri, en 1932. *(d. r.)*

À Hollywood avec Gérard Philipe,
Françoise Arnoul et Anna Magnani.
(ph. R. Shorr)

“Mon amour pour toi Jeannot.
Marlene.” *(ph. J. Engstead)*

Avec Josette Day en 1945, année du tournage de *La Belle et la Bête*. *(d. r.)*

Avec Jean Cocteau, lors de
la réception du poète à l'Académie
française, le 20 octobre 1955.
(Ph. R. Corbeau)

Avec Gabrielle Dorziat, Josette Day,
Jean Cocteau, Yvonne de Bray
et Jeanne, son habilleuse…
sans oublier le chien Moulouk. *(d. r.)*

Jean Marais, Ginger Rogers, Gérard Philipe et Micheline Presle en 1955.
(ph. R. Shorr)

Visconti en 1942. “À Jean,
en souvenir de Paris, de Rome,
etc. Luchino.“ *(d. r.)*

Sur scène en 1958 avec Annie Girardot,
dans *Deux sur une balançoire*
de William Gibson, mis en scène par Luchino
Visconti au théâtre Sarah-Bernhardt.
(ph. N. Barbézieux)

Avec Albert Willemetz, directeur des Bouffes-Parisiens, en 1956.
Jean Marais a noté au verso : “J’étais directeur artistique.” *(Interpress)*

Au Gala de l'Union des artistes, aux côtés de ses invités Simone Renant, Blanche Montel, Jean Sablon et Ingrid Bergman. *(d. r.)*

Avec Valentina Tereschkova, qui fut la première femme à voyager dans l'espace en juin 1963, et Youri Gagarine (à droite). *(d. r.)*

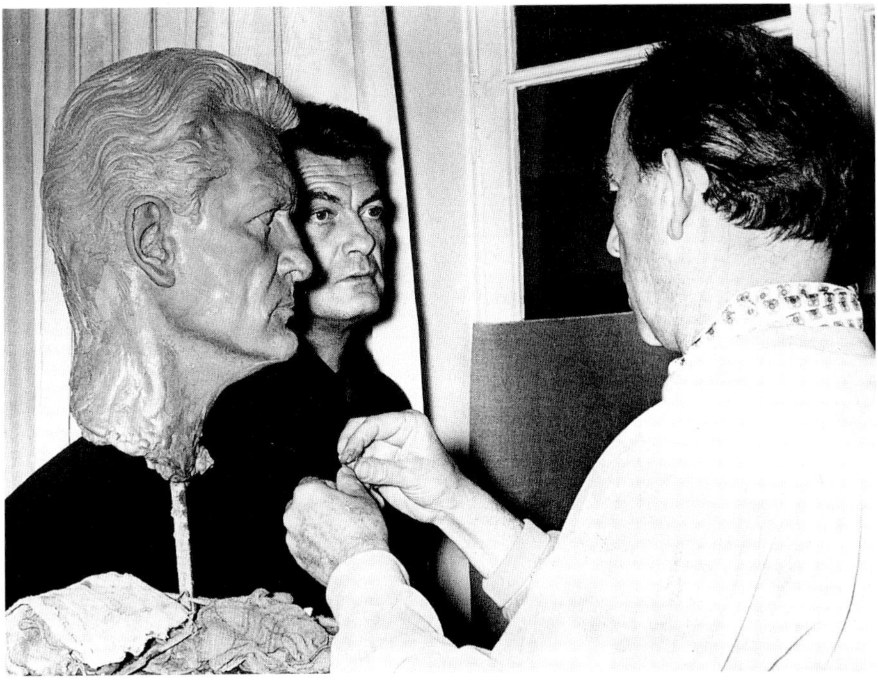

"Je pose pour Arno Breker." Paris, 1963. *(Galerie Marco, Bonn)*

Avec le peintre Bernard Lorjou, "mon premier client", et le sculpteur César, à la Galerie Jean-Marais en 1975. *(ph. Paul-Louis)*

Aux côtés de Jean-Paul Belmondo, grimé en Cyrano, et Alain Delon. *(ph. S. Midoux/Stills)*

Jean et Francis Huster en 1990 au théâtre Jean-Marais de Golfe-Juan. *(ph. S. Midoux)*

Avec son ami Jean-Claude Brialy, à Ramatuelle, en 1990. *(d. r.)*

Avec Tony Curtis, à la galerie, en 1997. *(d. r.)*

Montmartre, 1985. “Heureusement que je t’ai, mon ministre chéri…” *(d. r.)*

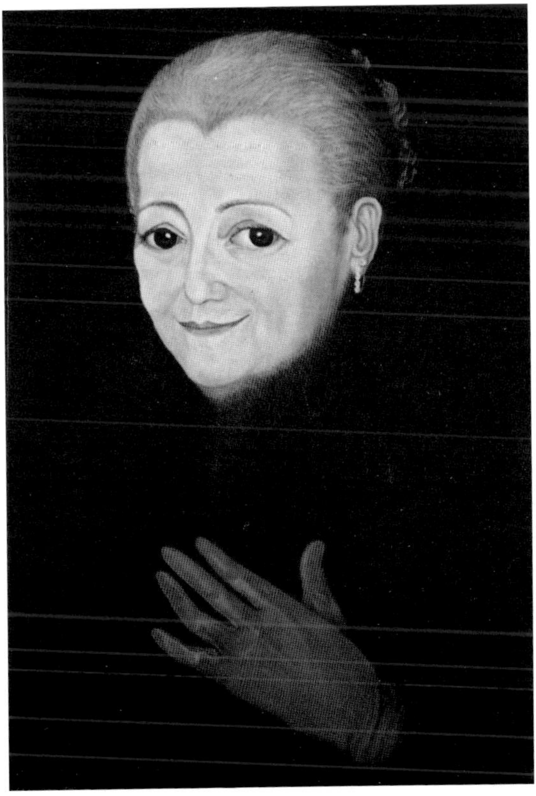

Nini Pasquali
par Jean Marais, 1996.
(ph. M. Kashani)

Dans le “Préau” de Vallauris, 1989. *(Sygma)*

Jo Pasquali en 1976,
dans l'atelier de la rue Hoche,
à Vallauris, où Jean Marais apprit
l'art de la poterie. *(d. r.)*

Au "Préau", dans son atelier
de céramique en 1984
et devant son four en 1986.
(d. r.)

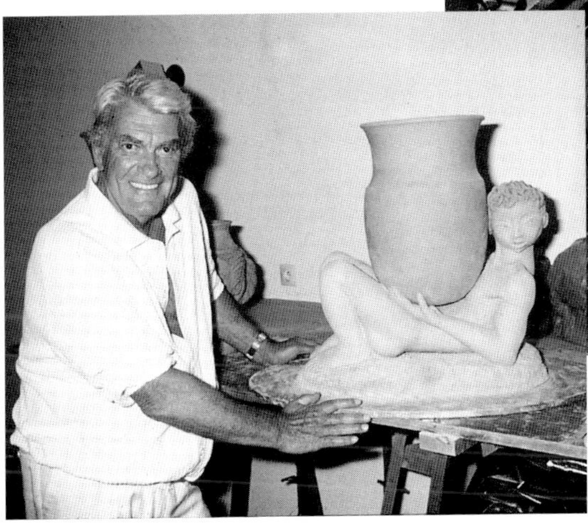

Avec la jeune peintre Cécile Chapellier, dans l'atelier de Vallauris, en 1986. *(d. r.)*

Alain Agostini, Nini Pasquali, Jean Marais et Cécile Chapellier devant le "Préau". *(d. r.)*

7 mars 1989. Jacques Chirac, maire de Paris, déjeune avec des artistes dans un restaurant de Montmartre. Il félicite Jean-Pierre Aumont, son épouse Marisa Pavan et Jean Marais. *(ph. R. Cohen/Agip)*

Dans le jardin de sa propriété Le Haut des Pradons, à Cabris, en 1987. *(ph. J. Munch/France-Soir)*

Le 2 mai 1996, Jean Marais est fait commandeur de la Légion d'honneur par Jacques Chirac, président de la République, dans les salons du palais de l'Élysée. Il est entouré de Robert Enrico, Simone Valère, Nelly Kaplan, Gérard Depardieu et Gilles Jacob. *(d. r.)*

Dans l'entrée du "Préau", entre son buste réalisé par Arno Breker et celui de Jean Cocteau par l'artiste catalan Apelles Fenosa. *(d. r.)*

Alain Agostini, Jean Marais, Sacha Sosno, Hervé Aeschbach et le prince Albert de Monaco sortant de la galerie en octobre 1998. *(ph. P. Bourdin/Ici Paris)*

Ramatuelle, 1990. *(d. r.)*

À l'atelier, en 1997, devant son dernier tableau. *(d. r.)*

9. Un caractère

Une chance insolente

Savait-il dire merci ?

Oui, il était très reconnaissant. Je savais qu'il disait aux autres beaucoup de choses gentilles sur moi. Il ne le montrait pas, mais il était toujours très admiratif de ce que je parvenais à faire. Quelquefois, il était même un peu jaloux, au point d'espérer que je me plante ! Je le voyais dans son regard... Quand je réussissais malgré tout des choses à ses yeux improbables, il m'avouait avec une certaine franchise qu'il n'y avait pas cru. Et ce qui est bien, c'est qu'il me disait toujours : « Si tu y parviens, tant mieux pour tous, mais si tu n'y arrives pas, on ne te le reprochera pas ! »

Ses colères étaient-elles naturelles ?

Oui ! Et il était très coléreux ! Surtout lorsqu'il était de mauvais poil. Ces jours-là, il explosait pour un oui ou pour un non. Cela pouvait tomber sur n'importe qui. Quand il était de mauvaise humeur, je le voyais, et je comprenais que ça n'était pas le moment de lui parler de certains problèmes. Il était aussi capricieux. Il lui arrivait de « faire sa star » pour bien mettre une distance entre lui et les autres. Ces jours-là, mieux valait faire profil bas.

Mais en général, ses coups de colère duraient une heure, puis il oubliait tout. Il n'était pas rancunier ou alors il ne le montrait pas.

Aimait-il la solitude ?

Oui. Il pouvait passer des jours dans sa maison à lire, écrire et peindre… Il avait son chien à côté de lui et nous nous arrangions toujours pour ne pas le déranger. Il savait que nous n'étions pas loin. Il disait souvent de Jo qu'il était trop effacé, qu'il pouvait venir le voir plus souvent. Mais nous respections sa tranquillité. Quand Jo passait dans la propriété, Jean lui faisait signe de la fenêtre. Il avait son pinceau dans la main, il lui souriait et cela suffisait à le rassurer. Quoi qu'il arrive, il savait qu'à 19 h 30 nous serions chez lui pour le dîner. Nous avons toujours essayé de le protéger. Il est arrivé que des personnes passent par-dessus le portail et qu'on les retrouve autour de la maison : nous les reconduisions fermement dehors.

Il avait la réputation d'être à cheval sur l'exactitude…

C'est vrai. Lui-même n'était jamais en retard d'une minute, et si quelqu'un se permettait ce genre de liberté avec lui, il ressentait ça comme un affront et il ne le recevait plus. C'est arrivé plusieurs fois, notamment avec des journalistes. Ce jour-là, comme à son habitude, il s'était préparé pour être fin prêt à l'heure dite, et même un peu avant. Le portail du Préau était ouvert et Jean, toujours très pro, attendait patiemment. L'heure fixée pour le rendez-vous passa sans que les journalistes aient pointé le bout de leur nez. Quand ils sont finalement arrivés – avec plus d'un quart d'heure de retard –, ils ont à peine eu le temps de lui dire bonjour et d'exprimer la joie qu'ils avaient de le rencontrer. Jean leur a dit : « Je regrette, mais vous repartez comme vous êtes venus. Moi, je respecte mes horaires. » Ils ont insisté en précisant qu'ils n'avaient que quelques minutes de retard, mais il n'a rien voulu savoir. Il a ajouté : « Si j'avais été un train, vous m'auriez raté. »

Il avait cette même exigence quand nous devions nous rendre quelque part. Heureusement, je ne me maquillais pas et j'étais vite habillée. Cela nous permettait d'être toujours à l'heure, voire en avance. Si bien que, lorsque nous allions à un rendez-vous, nous devions toujours attendre un peu avant d'être reçus. Lucide, il me disait : « Dans le fond, on a l'air de deux cons. » Mais c'était plus fort que lui.

Il n'y a qu'une circonstance pour laquelle il s'autorisait cinq minutes de retard, c'était lorsque nous étions conviés à déjeuner ou à dîner, pour ne pas avoir l'air d'un mort de faim. À la Martinique, nous avions été invités à une « soirée acras » organisée en son honneur. Il adorait les acras, mais pour faire le beau il m'avait dit : « On ne va pas y aller tout de suite. » Malheureusement, quand nous sommes arrivés, il n'y avait plus rien à manger ! « Cette fois, mon éducation m'a trahi ! », s'est-il écrié. Mais il a ajouté : « Il ne devait pas y en avoir beaucoup… »

Était-il fataliste ?

Oui. Depuis notre rencontre, il avait pris beaucoup de distance par rapport aux événements. Il avait choisi de ne prendre que le bon côté de la vie et me laissait me dépatouiller avec les mauvais côtés. J'ai toujours été une battante et j'étais consentante. En revanche, il m'a avoué qu'avant notre rencontre, n'ayant aucune envie de se battre contre les ennuis, il avait même pensé au suicide. Et puis, je suis certaine qu'au fond de lui, puisqu'il était croyant, il pensait qu'il y aurait toujours quelque chose ou quelqu'un pour le sortir des mauvaises situations dans lesquelles il se fourrait. Le plus drôle, c'est qu'il avait raison ! Il avait de la chance. Une chance insolente.

Croyez-vous vraiment qu'il devait tout à la chance ?

Honnêtement, oui. Il a eu de la chance toute sa vie. Rencontrer Cocteau dans sa jeunesse a été sa première grande chance. D'accord, il était beau, il était homosexuel, mais quand même, il ne devait pas être le seul ! Il a eu une chance énorme. Et puis, il a eu la chance de trouver deux personnes disponibles pour l'aider quand il était au plus mal...

Il était croyant, mais allait-il à la messe ?

Je ne l'y ai jamais vu. En revanche, il priait tout le temps. Il ne se couchait jamais sans faire sa prière. Au début, quand je m'en suis rendu compte, je lui ai demandé : « Pourquoi pries-tu comme ça ? » Il m'a répondu : « Je prie pour toi ! » Je n'en ai pas cru mes oreilles !

Croyait-il en l'astrologie ?

Non, il n'aimait pas ça. Un soir, lors d'une réception, nous avons dîné à côté d'Elizabeth Teissier. Elle voulait faire l'horoscope de Jean qui, lui, ne voulait pas. Elle a insisté, sans succès. Alors elle a dit : « Puisque je ne peux pas faire le vôtre, je vais faire celui de Nini. » Cela m'aurait bien plu. Mais je n'ai pas eu le temps de dire un mot, il l'a immédiatement coupée : « Non ! non ! non ! Ça n'est pas la peine, elle n'y croit pas non plus. » Il lui arrivait de penser à ma place !

Lui arrivait-il de chercher à passer incognito ?

Non. Au contraire, pourrait-on dire. Quand la belle saison arrivait, il était même particulièrement heureux de sortir au volant de sa Golf décapotable ! Une année, alors qu'il faisait encore un peu froid, je lui ai suggéré d'attendre un peu. Il n'a pas voulu m'écouter. J'ai compris qu'il ne détestait pas être reconnu. Il faut dire que, pour lui, la partie était gagnée d'avance. Imaginez Jean Marais descendant le boulevard Carnot, à Cannes, au volant de son cabriolet : avec ses cheveux blancs, on ne voyait que lui. Je vois mal comment il aurait pu passer inaperçu !

Avait-il le sens de l'humour ?

Oui. Mais il ne racontait pas de blagues et il en faisait rarement. Pour me faire rire, il avait un truc imparable, il imitait le Bossu : « Touchez ma bosse, monseigneur... » Grand comme il était – il mesurait 1,84 mètre –, il se rapetissait d'un coup d'un seul pour paraître tout tordu, la jambe de côté. Il parvenait même à nous donner l'impression qu'il avait une bosse ! C'était incroyable. Plus je riais, plus il en rajoutait en faisant des ronds de jambe. Il m'a fait ce numéro pratiquement jusqu'à la fin de sa vie. Un jour, j'ai dû lui demander d'arrêter. J'avais peur qu'il tombe et qu'il ne se relève plus.

Quel défaut détestait-il le plus chez autrui ?

Les femmes exubérantes l'exaspéraient. Quand nous en croisions une, il me disait toujours : « Tu comprends pourquoi je ne peux pas aimer les femmes ? » Il aimait bien les gens qui restent à leur place. Pas les fanfaronnes ou les frimeurs. Cela nous correspondait bien, parce que Jo est le contraire de tout ça – il est toujours à l'écart, on le cherche. Quant à moi, je ne répondais qu'aux questions que l'on me posait. Je pouvais rester des heures sans parler. Nous n'avions pas besoin de raconter des conneries pour remplir le vide. Les gens qui parlaient pour ne rien dire le saoulaient, il avait horreur de ça.

Finissait-il par croire à ses mensonges ?

Non, il mentait pour arranger les choses, éviter les conflits. Il disait toujours qu'il était handicapé, mais c'était pour éviter de se mettre en porte-à-faux. Mais vous auriez insisté pour l'interroger sur un des sujets qu'il cherchait à éviter, il vous aurait surpris. D'une façon générale, il ne faisait pas de gros mensonges.

Aimait-il les honneurs ?

Non. Il a tout eu et cela ne lui disait rien du tout. Après sa disparition, je n'ai retrouvé qu'une seule médaille, celle de commandeur de la Légion d'honneur que lui avait remise Jacques Chirac en 1996. Je ne sais pas où sont passées les autres. Quand nous l'avons accompagné à l'Élysée pour cette remise de décoration[1], sur le moment, il était tout fier et plutôt ému. Ce qui ne l'a pas empêché de plaisanter. Au moment où Jacques Chirac s'est approché de lui, il lui a demandé : « Est-ce que ça

1. Voir cahier hors texte, p. XIV.

va me diminuer mes impôts ? » Amusé, le Président lui a répondu : « Peut-être de 50 francs ! »

C'est une journée que nous ne sommes pas près d'oublier. Jean a tellement joué la comédie ce jour-là que nous avons dû nous pincer pour ne pas éclater de rire ! Peu de temps auparavant, il avait refusé de se rendre dans le nord de la France pour témoigner dans un procès où un de ses anciens amants était mis en cause. Pour cela, il avait obtenu un certificat médical qui le faisait passer pour gravement malade. Quand il a su que le Président allait le décorer quelques jours plus tard, il s'est dit : « Mince, je viens de dire à la justice que je ne peux pas me déplacer parce que je suis souffrant et l'on va me voir en pleine forme dans les salons de l'Élysée... Il faut que je me trouve une belle canne ! » Et c'est ainsi qu'il a joué au grand handicapé durant toute la cérémonie, en faisant mine d'avoir du mal à marcher ! C'est simple, dès qu'il sentait la présence d'un objectif ou un regard insistant, il mettait sa canne bien en évidence !

Comment appréciait-il les marques de déférence ?

Cela le mettait mal à l'aise. Lorsqu'un admirateur l'abordait en mentionnant ses qualités de peintre ou de céramiste et lui donnait du « bonjour, maître », sa réponse était toujours la même : « Maître, non. Un mètre quatre-vingt-quatre, d'accord. » Était-il vraiment gêné par cette marque de respect un peu trop prononcée ? Toujours est-il que, dans ce domaine, il faisait preuve de beaucoup de modestie.

« Je ne suis pas un peintre, mais un simple artisan, disait-il souvent. J'ai beaucoup trop de respect pour les peintres pour mériter de leur être comparé. Pour avoir été l'ami de Picasso, d'Arno Breker[1] et de Cocteau, je mesure trop le poids des mots et la distance qui sépare l'Artiste du modeste peintre que je suis. Je travaille de mes mains. Il m'est difficile d'inventer. Quand je peins, je fais un acte d'amour, puisque c'est toujours un objet, un être que j'aime et que j'admire que je m'applique à fixer sur ma toile. »

Et c'est vrai qu'il nous disait parfois qu'il avait honte de parler de sa peinture. Il refusait même de vendre ses toiles ! Peut-être craignait-il que l'on s'intéresse davantage à l'acteur ou l'ami de Jean Cocteau, plutôt qu'à l'excellent peintre qu'il était. Il répétait toujours qu'il avait été très étonné, en 1939, lorsque Picasso avait voulu lui acheter une de ses toiles, et surpris lorsque le grand marchand parisien Louis Carré[2] lui avait garanti sa fortune et la sienne s'il acceptait de présenter trente toiles dans sa galerie.

---

1. Arno Breker (1900-1991) est demeuré célèbre pour ses sculptures monumentales qui firent de lui l'un des artistes officiels du IIIe Reich. Pendant l'Occupation, il offrit sa protection à Jean Cocteau, qui ne la refusa pas et salua son œuvre en 1942 dans un très controversé *Salut à Breker*.
2. Louis Carré (1897-1977) débute sa carrière en reprenant en 1923 la boutique d'antiquités de son père, faubourg Saint-Honoré. En 1930, il se tourne vers les arts primitifs, dont il devient l'un des meilleurs spécialistes. En 1937, il ouvre une galerie d'art contemporain avenue de Messine et expose Paul Klee, Juan Gris, Le Corbusier, puis, de 1942 à 1966, Matisse, Picasso, Maillol, Léger, mais aussi Jeanne Bucher, Nicolas de Staël, Bazaine, Manessier, Estève, Kupka, Hélion, Soulages, Lanskoy, Jacques Villon…

Jean Marais avait la réputation d'aimer les animaux...

C'est vrai, il aimait beaucoup les chiens. Quand nous l'avons connu, il en avait deux, auxquels il était très attaché. Ensuite, il a vécu entouré des nôtres. Quand il a perdu son husky, en 1981 ou 1982, il a eu beaucoup de peine. Ce chien est mort le jour de son anniversaire. Jean se trouvait à Paris et nous n'avons pas trouvé le cœur de le lui dire tout de suite. Je lui ai appris la triste nouvelle à son retour, à l'aéroport. Cela lui a fait un tel choc qu'il s'est juré de ne plus jamais en avoir. Il a tenu parole. Mais de mon côté, peu de temps après, j'ai adopté un tout petit chien très amusant. Et, comme par hasard, cette toute petite boule de poils n'arrêtait pas de se coller à son carreau ! Jean persistait : il n'en voulait vraiment pas. Il me disait : « Je ne lui veux pas de mal, je ne lui en ferais pas, mais je ne veux pas m'y attacher. » Au bout de deux ou trois mois, c'est le chien qui avait gagné la partie : Jean ne s'en séparait plus !

Il aimait aussi les chats, mais nous ne pouvions pas en garder, à cause des chiens. Il y en avait tout de même un qui venait le voir la nuit. Jean se levait, lui donnait à manger et du lait à boire.

Comment réagissait-il lorsqu'il entendait Brigitte Bardot parler des animaux ?

Ça l'amusait. Il disait : « Elle me fait de la peine... Elle ne s'est pas occupée de son fils, peut-être a-t-elle des remords, et c'est pourquoi elle s'occupe des bêtes ? » Car c'est vrai qu'elle n'avait pas toujours été gentille avec son fils... Ma sœur était gouvernante chez elle, je sais de quoi je parle !

Sa copine Mylène Demongeot[1] a-t-elle essayé de l'embringuer dans sa lutte pour la cause animale ?

Attention ! On ne l'embringuait pas comme ça ! Il n'allait nulle part ; il ne s'intéressait qu'à ce qui pouvait servir notre business et ses affaires personnelles.

Avait-il conservé les costumes de ses différents tournages ?

Il ne gardait rien du tout. Celui de *La Belle et la Bête*, que l'on peut voir au musée de Vallauris, a été acheté par la ville. Jean jetait tout. Quand, exceptionnellement, il gardait quelque chose, c'était un bout de ficelle. Il est allé jusqu'à donner ses décorations ; il aurait été capable de les jeter à la poubelle ! Sa toute dernière, c'est moi qui l'ai prise. Peu avant d'être fait commandeur de la Légion d'honneur par Jacques Chirac, il s'était rendu chez Cartier pour acheter sa médaille, puisque personne ne lui avait dit qu'on la lui donnerait. Le jour dit, il s'est donc retrouvé avec deux médailles ! De retour à Vallauris, nous apprenons qu'un de nos voisins, le mari de son conseil juridique, a été cambriolé. Manque de chance pour lui, il avait été décoré au même moment que Jean, par M. Pasquini[2], à Cannes, et les cambrioleurs lui avaient volé sa médaille. Jean lui a tout naturellement donné celle que Jacques Chirac lui avait remise ! Quand j'ai vu avec quelle légèreté il se séparait de ses décorations, j'ai récupéré celle qu'il avait achetée chez Cartier. Il aurait tout donné.

1. Mylène Demongeot (née en 1936) a partagé avec Jean Marais l'affiche des *Fantômas* d'André Hunebelle (1964-1966), mais c'est dans *Futures Vedettes*, film de Marc Allégret avec Jean Marais et Brigitte Bardot, qu'elle fit ses grands débuts en 1954.
2. Pierre Pasquini (né en 1921) était alors ministre des Anciens Combattants et Victimes de guerre.

10. Au quotidien

Monsieur Jean Marais

S'entourait-il de personnel ?

Il avait à son service, pour s'occuper du ménage et du jardin, un couple de gardiens qui habitaient la maison du bas. Mais à midi, c'était toujours Jo qui venait lui préparer son repas. Le soir, nous dînions tous les trois. Plus tard, quand il a recommencé à se rendre à Paris plus régulièrement, je n'ai pas pu garder du personnel à l'année et j'ai dû faire appel à une entreprise de travail temporaire qui m'envoyait quelqu'un dès que Jean arrivait.

Nombre de ses amis l'appelaient « Jeannot ». Vous aussi ?

Non, jamais. Je l'ai toujours appelé Jean. J'ai horreur de ce diminutif et je ne crois pas qu'il aimait tellement qu'on l'appelle ainsi... C'était un peu réservé à Jean Cocteau. Jo aussi l'appelait « Jean ». Les jeunes comédiens, toujours un peu impressionnés lorsqu'ils l'approchaient, l'appelaient « monsieur Jean Marais ». Il n'aimait pas tellement la familiarité.

Lisait-il les journaux ?

Non, il n'était abonné à rien. Il lisait les journaux que je lui apportais, c'est tout. Mais il était très fidèle à la radio. Il y avait des transistors partout. Il écoutait principalement France Inter, dès le réveil. Il ne manquait pas non plus le journal télévisé.

Avait-il un bon sommeil ?

Il lui fallait un minimum de huit heures de sommeil par nuit. Il avait d'ailleurs de la chance : dès qu'il se mettait au lit, il dormait. Les soucis ne l'étouffaient pas...

Aimait-il les fleurs ?

Il les aimait, mais il n'aurait pas mis une goutte d'eau aux plantes du jardin. Il en offrait volontiers. Du reste, quand il m'en offrait, je lui disais toujours : « Pourquoi dépenses-tu de l'argent comme ça ? J'en ai plein le jardin. » Il me répondait : « D'accord, mais ce ne sont pas les miennes ! » Il en recevait aussi beaucoup, notamment d'Elga, sa plus fervente admiratrice[1]. Il aimait aussi composer des bouquets.

Était-il ordonné ?

Oui... tout autant que désordonné ! Disons qu'il se retrouvait toujours dans son désordre. Si j'avais le malheur de déplacer une feuille de papier sur son bureau, il m'appelait pour me le faire remarquer. Il ne fallait surtout pas toucher à ses affaires – ce qui ne l'empêchait pas de jeter des choses importantes. Il est même arrivé que je retrouve par

1. Voir p. 79.

hasard un chèque de 3 000 francs dans sa corbeille à papier… Mais d'une façon générale, je ne mettais jamais le nez dans ses affaires ; il n'y avait que lui qui s'y retrouvait.

Aimait-il les belles voitures ?

Oui. Il en a eu beaucoup avant de nous connaître. Quand nous l'avons rencontré, il avait une espèce de jeep allemande, une Volkswagen. Il ne l'a pas gardée longtemps. Un de ses petits amis, Farid, l'a prise une nuit pour faire un tour ; n'ayant pas le permis, il est tombé dans le premier trou qui s'est présenté. Comme j'avais commencé à prendre ses affaires en main, je lui ai acheté une Rodéo. Il l'a choisie verte « comme une laitue » ! Ensuite, nous avons acheté la Golf décapotable dont je vous ai déjà parlé. Nous l'avons toujours.

Allait-il chez le coiffeur ?

Il n'y est pratiquement jamais allé. Il entretenait énormément ses cheveux et se les coupait lui-même. Il fallait le voir attraper mèche après mèche devant sa glace : il avait le coup de main ! Il avait du matériel pour tout, les mains, les pieds, la peau, et des produits par centaines.

Était-il sportif ?

Pas quand nous l'avons connu. Il avait fait beaucoup d'exercice dans sa jeunesse, mais il était naturellement musclé et athlétique. Il avait aussi une force impressionnante. Dans ses films, chaque fois qu'il y avait une cascade à réaliser, il exigeait de la faire lui-même une première fois. S'il n'y parvenait pas, il laissait la place à un cascadeur. Lorsqu'il s'est installé à Vallauris, il se baignait tous les jours dans la piscine, mais il fallait que l'eau soit très chaude. Avec les années et ses ennuis de santé, ces bains quotidiens ont cessé.

Que regardait-il à la télévision ?

Il était fou du feuilleton *Les Feux de l'amour* et puis d'un jeu, je ne sais plus lequel, diffusé vers 17 heures. Je l'ai même vu avoir la larme à l'œil devant *Les Feux de l'amour* ! Ce feuilleton lui plaisait tellement qu'il ne pouvait s'empêcher de me raconter chaque soir le déroulement et les rebondissements de l'épisode qu'il avait vu dans la journée. Il en était tellement mordu qu'il décrochait le téléphone pour pouvoir le suivre ! En revanche, lorsqu'un de ses films était programmé, il ne le regardait pas… Du moins, jamais en notre présence.

Vous demandait-il de l'aider à répéter lorsqu'il apprenait un rôle pour le théâtre ?

Il me parlait des pièces, de ses rôles, de ses projets, mais cela n'allait pas plus loin. D'abord, parce que je n'aurais pas su comment l'aider, ensuite parce qu'il répétait toujours seul, chez lui, à voix haute. Il parlait si fort, avec une telle conviction, qu'il m'est parfois arrivé de me demander s'il n'y avait pas quelqu'un avec lui. Ce qui m'a toujours étonnée, c'est qu'il répétait ses textes avec un crayon dans la bouche, pour mieux articuler.

Travaillait-il aussi sa voix ?

Non. Comme sa voix ne lui plaisait pas et qu'il cherchait à la casser, il avait commencé à fumer à l'âge de trente ans. Il fumait beaucoup, pas loin de deux paquets par jour. Sitôt qu'il ouvrait les yeux, il fumait. Lorsque ses ennuis de santé se sont faits plus pressants, nous lui avons suggéré à plusieurs reprises de s'arrêter : il n'a pas voulu nous écouter. « À mon âge, nous disait-il, que voulez-vous qu'il m'arrive ? Vous auriez dû me le dire plus tôt ! »

Avait-il une bonne mémoire ?

Oui. Mais elle était particulièrement sélective. Il n'avait par exemple aucune difficulté pour retenir son texte quand il jouait au théâtre. Mais s'il devait arrêter quelque temps et reprendre son rôle deux mois plus tard, il lui fallait réapprendre entièrement la pièce. Il avait la mémoire du moment. Elle ne lui a jamais fait défaut.

Était-il joueur ?

Non. Nous ne sommes allés qu'une seule fois jouer au casino de Mandelieu-la-Napoule. Nous nous apprêtions à quitter les lieux après avoir passé une petite demi-heure à nous acharner sur une machine à sous, lorsqu'un autre joueur nous a appelés pour nous signaler que nous avions oublié d'encaisser l'argent que nous venions de gagner. Il y en avait pour 300 francs, mais nous n'avions rien compris au jeu ! Nous ne savions pas qu'il fallait appuyer sur un bouton pour faire tomber les pièces.

Il lui arrivait aussi de jouer aux cartes. Il avait insisté pour m'apprendre les règles du « barbu », un jeu tout bête qui nous permettait de passer le temps…

Hormis son courrier, Jean Marais aimait-il écrire ?

À l'évidence. Il avait d'ailleurs, à de nombreuses reprises, exprimé le désir de raconter la suite d'*Histoires de ma vie.* Peu de temps avant sa mort, quatre contes de Noël, écrits et illustrés par lui, ont été publiés par un mensuel, *CD Stars.* Ces contes étaient accompagnés d'un disque compact dont les textes étaient dits par différents comédiens dont Michèle Morgan, François Périer, Claude Piéplu et Michel Galabru. Malheureusement, ces contes n'ont eu qu'un succès d'estime et Jean n'en a jamais rien su.

11. L'amour

« L'affaire du siècle »

Vous nous avez parlé des cadeaux que Jean faisait à ses amants...

Il leur faisait des cadeaux, mais, plus souvent encore, il leur donnait des espèces par 10, 15 ou 20 000 francs. C'était d'ailleurs sa principale dépense. Quand Michel – son fiancé en titre – s'annonçait, Jean passait à la banque sans me le dire pour retirer de l'argent. Je l'apprenais ensuite par le banquier.

Un jour, on nous a sollicités pour préparer une émission au cours de laquelle il était prévu de lui faire une surprise. La surprise en question, c'était moi : on m'avait demandé de venir à Paris, sur le plateau de télévision, avec son chien. Je ne me souviens plus des circonstances, mais je me suis retrouvée un matin avec le gars de la télévision, qui était venu me voir pour tout mettre au point, et le banquier. Devant mon hésitation, le banquier me dit en rigolant : « Si vous y allez, j'y vais aussi ! » En plaisantant, il se proposait de raconter comment Jean s'était rendu à son agence pour retirer 50 000 francs en espèces, alors que son compte était dans le rouge, tout ça pour dépanner son gigolo ! J'imagine la tête de Jean...

Combien de temps a duré cette liaison entre Jean et Michel ?

Jean a connu Michel un an avant nous, en 1972. Leur relation a duré pratiquement jusqu'à la fin. Il le voyait souvent à Paris, et Michel venait de temps en temps ici. Il était marié, il avait un gosse, dont Jean était d'ailleurs le parrain. À la fin, nous n'avons plus eu de ses nouvelles... Michel avait écrit à Jean son intention de se suicider. Je me souviens que sa lettre avait été postée d'Étretat. J'ignore s'il est passé à l'acte, toujours est-il qu'il ne s'est plus jamais manifesté... Même pas pour l'enterrement de Jean.

Jean Marais était-il amoureux de cet homme ?

Non, c'était la facilité. Jean était une « bête de sexe » et Michel devait correspondre à ce qu'il recherchait. Personnellement, je n'ai jamais compris pourquoi : il n'était pas spécialement séduisant... Je me suis toujours demandé comment il pouvait être attiré par ce genre d'individu. Cela lui a d'ailleurs joué des tours, notamment lorsqu'il a joué avec Michèle Morgan dans *Les Monstres sacrés*, au théâtre des Bouffes-Parisiens[1]. Pour les besoins d'une scène, l'une des toutes dernières de la pièce, me semble-t-il, ils devaient s'embrasser sur la bouche. Un soir, Michel est venu voir Jean au théâtre. À peine était-il entré dans sa loge qu'il s'est mis à l'embrasser à pleine bouche. Quand Michèle Morgan a vu ça, elle a attendu que Michel s'éloigne

1. Jean Marais et Michel Morgan triomphèrent dans cette pièce de Cocteau, écrite en 1940, qui connut pas moins de 226 représentations dans la mise en scène de Raymond Gérôme au Théâtre des Bouffes-Parisiens, en 1992 et 1993.

un peu et a dit à Jean : « Il va falloir que l'on rediscute de la scène du baiser avec le metteur en scène. » Jean, qui a tout de suite compris pourquoi elle faisait cette remarque, lui a répondu que ça n'était pas nécessaire et qu'il ne l'embrasserait plus sur la bouche. Il faut dire que ce Michel était vraiment répugnant !

Quand Michel n'était pas là, comment se comportait Jean ?

Il ne se privait de rien. S'il en trouvait un autre, il se le faisait. Il est même allé jusqu'à s'envoyer notre jardinier ! Pendant ce temps, l'eau pouvait bien couler : nous, on payait l'eau, lui il payait le type ! Ça coûtait une fortune… Heureusement qu'il était beau !

Qui a été son dernier grand amour ?

George Reich, le célèbre danseur[1], dont les ballets ont connu leur heure de gloire dans les années 60. C'est une histoire qui a duré dix ans, mais ils n'étaient déjà plus ensemble lorsque nous avons rencontré Jean pour la première fois. Ils ont dû se quitter vers la fin des années 60. Jean ne s'en est jamais complètement remis, même s'ils étaient

1. C'est en 1950 que Jean Marais fit la connaissance du jeune danseur américain George Reich, élève de Balanchine et de Martha Graham, qui se produisait au Lido dans la nouvelle revue d'Annie Cordy, *Enchantement.* Il se promit d'encourager sa carrière par tous les moyens, s'improvisant librettiste, costumier, metteur en scène et même producteur. En 1952, on vit ainsi George Reich danser sous sa direction au palais de Chaillot, puis, en 1955-1956, assurer la chorégraphie de *L'Apprenti-Fakir,* mis en scène par Jean Marais au théâtre de la Porte-Saint-Martin.

restés amis et se revoyaient régulièrement. Mais lorsque George venait à Vallauris, il était toujours accompagné de son petit copain et je peux dire que cela mettait Jean dans un drôle d'état.

Cela dit, à la décharge de George Reich, il faut savoir que Jean n'était pas un partenaire ordinaire ! Il aimait le sexe et il lui en fallait. Même les années n'y ont rien pu faire ! Quand il me disait : « Tu comprends, à mon âge, je ne peux plus aller draguer... », je n'en croyais pas un mot. On l'aurait placé à la porte d'une prison, je suis certaine qu'il aurait embarqué avec lui le premier détenu qui sortait ! D'ailleurs, c'est arrivé. Jean a recueilli à sa sortie de prison un criminel qu'il a installé au Préau. Quand mes amis ont su ça, ils se sont beaucoup inquiétés pour moi ! Pour une fois, je dois dire que j'ai rarement rencontré une personne aussi serviable et attentionnée à mon égard. Il était toujours après moi, prêt à me rendre service.

Je n'ai jamais compris où Jean allait pêcher tous ces gars ! Lui qui passait des heures dans sa salle de bains, il n'était attiré que par des mecs plutôt douteux. Ça devait l'exciter... Ce n'était pas le cas de George Reich, qui a soixante-dix-sept ans aujourd'hui. Je viens d'apprendre qu'il a vendu sa maison de Vallauris. Nous ne le verrons plus.

D'une façon générale, parlait-il très librement de sa vie privée ?

Oui. Il disait que, s'il pouvait compter ses maîtresses sur les doigts de ses mains, il était bien incapable de dénombrer les amants qu'il avait eus dans sa vie. Mais s'il était à l'aise sur le sujet, il avait quelques principes surprenants, notamment vis-à-vis de la communauté homosexuelle. Par exemple, il ne comprenait pas l'utilité d'organiser une Gay Pride. Il était opposé aux manifestations de ce genre et ne partageait pas les revendications affichées de certaines associations gay. Soit il ne les comprenait pas, soit il n'était pas d'accord. Je l'ai personnellement entendu manifester son désaccord sur le mariage entre garçons. Cela dit, si la chose avait été envisageable à l'époque de son grand amour avec George Reich, peut-être aurait-il réagi différemment…

Vous faisait-il des confidences sur ses conquêtes ?

Il en parlait sans gêne. De toute façon, s'il était avec quelqu'un, je le voyais aussitôt. Je lui demandais souvent s'il était satisfait de sa conquête, si c'était une affaire ou pas. Il me répondait oui ou non, sans trop de commentaires. De mon côté, cela ne m'intéressait pas particulièrement, mais s'il me répondait que le garçon en question n'était pas une affaire, je savais qu'il faudrait très vite montrer la porte de la sortie à son invité avant qu'il ne cherche à s'incruster.

Nous étions très complices sur ce point. Quelquefois, lorsqu'il me sentait prête à raccompagner son petit copain du moment – je ne perdais pas de temps ! –, il me demandait d'attendre encore un jour ou deux. Ça le faisait rire ! Certains ont parfois essayé de jouer les prolongations et de s'installer – la place était confortable et Jean, très généreux –, mais aucun n'y est parvenu. Dès que cela ne lui convenait plus, Jean prenait ses distances et nous laissait nous débrouiller. C'était un peu particulier comme « mission », mais les jeunes gens qui venaient ici repartaient rarement les mains vides. On peut même dire que la majorité d'entre eux étaient venus pour ça... Heureusement, il n'y a jamais eu de problème de ce côté-là : constatant que Jean était bien entouré, personne n'insistait.

Pensez-vous qu'il aurait pu vivre une love story *durable avec un homme de son âge ?*

Non. Il nous a bien dit plusieurs fois qu'il aurait été incapable de vivre en ménage avec un homme de son âge. Il avait plein de copains qui vivaient de cette façon, mais lui n'aurait pas pu. Il était uniquement attiré par des jeunes, entre trente et quarante ans. De ce côté, il n'était pas franchement sentimental : il ne recevait ni n'écrivait de lettres d'amour, sa relation aux hommes était presque exclusivement physique. Il me disait : « Tu me vois avec un vieux comme moi ? » et trouvait beaucoup plus simple d'aller faire des rencontres dans les bars de Cannes et de s'offrir des histoires sans lendemain. Deux ou trois jours, c'était bien suffisant !

Avez-vous cherché à comprendre pourquoi il ne souhaitait pas s'attacher, même à un jeune homme ?

Parce qu'il était très porté sur la chose et que, sur la durée, il aurait été incapable de rester fidèle, même au plus beau. Dans sa jeunesse, nous a-t-il avoué, il pouvait avoir jusqu'à six relations sexuelles par jour. C'est du reste en partie ce qui a éloigné George Reich. Quand il rentrait du théâtre, il se relevait pour aller draguer sous les ponts. C'était incroyable ! Il disait toujours que, s'il avait été jeune à la fin des années 80, il serait mort du sida. Je veux bien le croire. Et d'ailleurs, il a eu une chance inimaginable : il n'a jamais rien attrapé, et ce depuis toujours. Il nous a raconté qu'à l'armée, à la suite d'une partie fine, tous ses compagnons de chambrée avaient attrapé une blennorragie, mais que lui, qui était passé derrière tout le monde, n'avait rien eu !

Vous a-t-il fait des confidences sur des amants célèbres et cachés ?

C'est arrivé. Il nous a notamment raconté qu'il s'était retrouvé pendant la guerre dans le même lit que Jean-Pierre Aumont. Il en plaisantait : « Si on nous avait trouvés morts tous les deux, on en aurait raconté de belles ! » Comme je lui demandais s'il s'était passé quelque chose entre eux, il m'a répondu d'un ton mystérieux : « Je ne sais plus ! » Il n'était pas du genre à se vanter, mais je n'ai jamais su s'il m'avait fait cette réponse sibylline pour satisfaire ma curiosité.

Lui arrivait-il de draguer ses partenaires de scène ?

C'est arrivé plusieurs fois. Il a essayé d'approcher Xavier Deluc, Pierre Malet, Nicolas Briançon[1]... Chaque fois sans succès.

1. Xavier Lepetit, dit Deluc, né en 1958, débute sur les planches dans *Les Hauts de Hurlevent*, mis en scène par Robert Hossein ; en 1988, il joue Hans sous la direction de Jean Marais dans *Bacchus*, de Jean Cocteau, au théâtre des Bouffes-Parisiens. Ce rôle sera repris par Pierre Malet (né en 1955), frère jumeau de Laurent Malet (voir p. 50), remarqué en 1981 dans *La Nuit de Varennes* d'Ettore Scola (1981), et qui avait repris le rôle de Fandor dans la série des *Fantômas* réalisée en 1980 par Claude Chabrol, avec Helmut Berger et Jacques Dufilho. Nicolas Briançon, remarqué dans un *Turcaret* mis en scène par Yves Gascq, est également recruté par Jean Marais en 1988 pour incarner le rôle de Lothar, dans *Bacchus*. Il devient son assistant et donne la réplique à Françoise Fabian dans *La Machine infernale*. Metteur en scène, il dirigera Jean Marais dans *Les Chevaliers de la Table Ronde* de Jean Cocteau (1995).

À Cannes, un soir où il jouait *Bacchus* au palais des Festivals, il a décidé de quitter la troupe une nuit pour venir nous rejoindre à Vallauris. Il nous a appelés pour nous demander de préparer la maison et surtout prévenus qu'il serait accompagné de Nicolas Briançon. À l'heure dite, nous sommes allés le chercher à Cannes… mais il était seul. Quand Jo lui a demandé où était passé son invité, Jean est devenu furieux. Il a répondu : « Ne m'en parle plus ! » Il y avait eu un clash entre eux à Toulon et il était rentré bredouille. Il était fou de rage…

Avec Pierre Malet, ça ne s'est pas mieux passé. À l'époque, il habitait encore Cabris. Il avait demandé à Jo d'aller les chercher à la sortie de l'autoroute qui conduit à Grasse, le reste de la troupe devant poursuivre son chemin jusqu'à Nice. Jo s'est rendu au lieu dit. Il a vu descendre du car Jean, accompagné de Pierre Malet et d'une femme qu'il ne connaissait pas : la maman de Pierre et Laurent Malet ! Arrivé à Cabris, à l'évidence, Jean avait une idée bien précise derrière la tête : il en faisait des tonnes. Pierre n'était manifestement pas sur la même longueur d'ondes, mais il a fini par comprendre le manège de Jean et s'est plaint d'un mal de tête. De son côté, Jean, qui voyait que la partie lui échappait, bouillait comme un diable. Pierre et sa mère sont finalement partis assez tôt. Jean était fou. Il avait pourtant tout essayé pour retenir celui qu'il nous avait présenté comme « l'affaire du siècle » ! Pour se rapprocher de Pierre, sans prévenir personne, il a même été jusqu'à quitter son agence, Artmédia, pour s'inscrire chez l'agent de Pierre et Laurent Malet ! Tout ça pour rien. Nous avons revu Pierre Malet par la suite à Ramatuelle. Il nous a confié qu'il avait été très malheureux de ce qui s'était passé.

Comment se comportait-il lorsqu'un garçon lui plaisait ?

Il changeait complètement d'attitude et ne le lâchait pas des yeux. Son manège ne pouvait pas nous échapper : il en faisait des tonnes, il devenait « le » comédien dans toute sa splendeur. Chaque fois, nous assistions à un grand numéro. Quand nous allions au restaurant, il pouvait même devenir injuste ; si le serveur lui plaisait, il perdait toute objectivité. Bien sûr, cela n'allait pas plus loin, mais quoi qu'on lui serve, il trouvait ça bon ! Si par malchance le beau garçon ne s'occupait pas de notre table et que nous étions servis par une jeune femme, rien n'allait plus !

12. La peinture

« Je préfère le pinceau à la canne »

Vous parlait-il de ses débuts dans la peinture ?

Souvent. « C'est affreux, disait-il, j'ai commencé à peindre à l'âge de dix ans après avoir volé une boîte de peinture à l'école. On dit toujours que bien mal acquis ne profite jamais : c'est faux. » Cet acte avait beaucoup compté pour lui ; dès qu'il était arrivé au Piquey, près d'Arcachon, où il avait été envoyé en convalescence après une double otite, il s'était mis à peindre. « Je ne peignais pas pour que l'on me dise que c'était bien ou mal, racontait-il, mais parce que c'était un besoin. J'ai acheté des toiles, des pinceaux, des couleurs et je suis parti peindre dans la campagne. Cocteau a voulu m'accompagner pour voir ce que je peignais. Je l'ai supplié de ne pas venir en prétextant qu'il détesterait ma peinture. »

Cocteau s'est moqué de lui et, finalement, l'a accompagné. Ce jour-là, par miracle, Jean avait peint – et sans le vouloir – l'endroit exact où Cocteau passait des heures à parler avec Raymond Radiguet. « Comme Jean Cocteau me regardait avec des lunettes déformantes, poursuivait-il, il trouvait bien tout ce que je faisais. Il me disait : "Tu peins comme tous les peintres voudraient peindre sans y arriver, c'est toi qui as raison." » Cocteau a demandé à Jean de lui offrir ce tableau et il l'a mis dans sa chambre, place de la Madeleine. D'après Jean Marais, cette œuvre très réaliste choquait au milieu de tous les objets fantastiques que possédait Cocteau. Quand les gens qui venaient lui rendre visite lui demandaient, étonnés, qui avait peint ce tableau, il leur répondait fièrement : « C'est Jeannot. »

A-t-il peint jusqu'à la fin ?

Presque. Un an encore avant sa mort, il s'installait à son chevalet tous les jours, malgré la difficulté qu'il éprouvait à rester assis, tant son dos le faisait souffrir. « Je préfère le pinceau à la canne », répétait-il souvent. Quand il est parti, il a laissé sur le chevalet de son atelier un tableau inachevé qu'il avait tenté de terminer pour le vernissage de son exposition à la Art World Gallery, à Cannes. Mais il n'en a jamais trouvé la force. Ce tableau représentait sept anges. Le 7 était le chiffre porte-bonheur de Jean Cocteau. C'est donc un tableau inachevé qui fut présenté au public cannois, sans que celui-ci s'en soit rendu compte. Cette œuvre restera comme la toute dernière de Jean.

Jean Marais a-t-il peint votre portrait ?

Oui, en 1996. Quand la Maison de la culture du Japon à Paris m'a demandé si Jean Marais accepterait de lui prêter une de ses toiles, j'ai répondu « oui » pour lui. J'ai demandé ensuite à Jean quel tableau il souhaitait prêter pour cette manifestation. Il m'a répondu : « C'est toi qui as dit oui, eh bien ! tu n'as qu'à leur donner ton portrait[1]. » C'est ce que

1. Voir cahier hors texte, p. IX.

j'ai fait. Et c'est avec ce tableau qu'il a reçu le prix Oscar Wilde au Japon ! Lors de la remise de ce prix, Jean a déclaré qu'il ne méritait ni le prix, ni tant d'honneur. « Comment peut-on mériter tant de choses que l'on a faites en s'amusant ? », se plaisait-il à répéter. Ce prix avait un goût particulier, parce qu'à dix-neuf ans Jean avait passé un essai pour un film dans lequel il devait justement tenir le rôle de Dorian Gray. Ce film n'est jamais sorti. Plus tard, il s'est lui-même mis en scène dans le rôle du portrait qui parle, le rôle de Dorian Gray revenant à George Reich.

Comment se fait-il qu'il dessinait un peu comme Cocteau ?

Il ne fallait surtout pas le lui dire, parce qu'il avait commencé à peindre avant de connaître Cocteau ! Quand je lui en faisais la remarque, il montait sur ses grands chevaux : « Je ne comprends pas que tu puisses dire une chose pareille ! », hurlait-il. Il n'acceptait pas que, proche de lui, je fasse cette comparaison. Cela le dépassait. Et pourtant... Même dans certains de ses modelages, on retrouve l'esprit et le style de Cocteau.

Vous souvenez-vous de sa dernière exposition ?

Bien sûr ! C'était le 20 décembre 1997. Nous avons attendu jusqu'à la dernière minute le feu vert du professeur Gérard Ziegler, rhumatologue, pour savoir si Jean pouvait quitter l'hôpital de l'Archet, à Nice, où il était hospitalisé depuis quelques jours, afin de rejoindre l'Art World Gallery où avait lieu le vernissage. Quand nous sommes arrivés sur place, avec quelques minutes de retard sur l'heure prévue, une foule impressionnante nous attendait et je dois dire que cela ne m'a pas rassurée. Outre la foule, les photographes de presse, plusieurs caméras de télévision étaient braquées sur notre voiture. J'ai encore une fois été stupéfaite par la métamorphose de Jean, qui est sorti de notre voiture sans sa canne, en affichant un sourire éclatant !

Sur place, Jean-Pierre Aumont et son épouse Marysa Pavan nous attendaient. Malgré un service d'ordre musclé et devant l'assaut des « fans », Alain Agostini, inquiet à son tour, a demandé au public de bien vouloir reculer afin de laisser Jean respirer. Comme ses demandes répétées restaient vaines et craignant l'incident, il s'est décidé à prendre les mesures qui s'imposaient pour sauvegarder un minimum d'espace à Jean et lui a demandé de rejoindre un bureau dont l'unique porte d'accès était gardée par deux anges gardiens plutôt dissuasifs.

En agissant ainsi, Alain pensait comme nous qu'il avait pris la bonne décision. Mais l'exposition terminée, Jean a pris Alain à part pour lui reprocher son attitude, et un peu la nôtre : « Vous n'avez pas le droit de parler aux gens comme vous l'avez fait. Il faut respecter le public. » Nous avons tenté, en vain, de lui expliquer qu'Alain, le sachant tout juste sorti de l'hôpital, avait simplement cherché à le préserver. Sa réponse fut brutale : « J'ai affronté des publics bien plus importants sans pour cela avoir eu ni peur, ni même besoin d'un service d'ordre. »

Heureusement, la soirée s'est terminée sur un ton plus léger : Jean, entre deux verres de bandol et quelques cigarettes, évoqua avec Jean-Pierre Aumont quelques souvenirs communs. À ce moment, nul n'aurait pu imaginer, devant sa mine épanouie et heureuse, qu'il retournerait dès le lendemain à l'hôpital.

Comment accueillait-il les jeunes artistes qui lui demandaient conseil ?

Il y était très sensible. Il l'a été plus particulièrement avec une jeune aquarelliste, Cécile Chapellier[1], qui avait été invitée à participer à sa dernière expo. Alain Agostini avait eu l'idée de lui commander une série de portraits représentant Jean dans ses différents rôles. Lorsque Jean a été informé de ce projet, il a tout de suite manifesté beaucoup d'enthousiasme. Il a dit à Ago : « Il faut aider les jeunes, leur donner une chance… Que serais-je devenu si je n'avais moi-même eu cette opportunité à mes débuts ? »

Quelques semaines avant le jour du vernissage, Jean a reçu Cécile à Vallauris – elle était littéralement paralysée par l'émotion – et lui a réservé un accueil très chaleureux. Ils se sont revus plusieurs fois et j'ai pu me rendre compte que, peu à peu, Jean avait développé un vrai sentiment de tendresse pour cette jeune femme qu'il encourageait vivement dans son travail. Il est un peu devenu son parrain professionnel. Il prenait ce rôle très à cœur et me demandait régulièrement de prendre de ses nouvelles.

Et puis, un jour, Alain Agostini a cessé d'assurer la promotion de Cécile et nous ne l'avons plus vue. Jean s'en est étonné, il ne comprenait pas pourquoi « la petite », comme il l'appelait, ne lui rendait plus visite. Il a exprimé plusieurs fois sa frustration à Alain, à qui il reprochait de ne pas avoir été gentil avec sa protégée…

---

1. Née en 1971 à Sarrebourg, passionnée de nature et d'écologie, Cécile Chapellier commence à peindre des scènes animalières. La découverte de l'œuvre de Leonor Fini marque une étape décisive dans son œuvre. Elle commence à exposer en 1991. L'Art World Gallery de Cannes l'accueille en 1996.

13. La maladie

Un vrai rôle de composition

Avant de tomber vraiment malade, prenait-il soin de sa santé ?

Il ne se plaignait jamais, mais il prenait énormément soin de lui. Il n'ignorait rien des remèdes de grand-mère et il lui arrivait souvent, lorsque je ne me trouvais pas bien, de me recommander telle potion ou telle pommade.

À quelle époque ont commencé ses problèmes de santé ?

Il a commencé à se plaindre d'une sciatique dans une lettre adressée à Serge. C'est cette fameuse lettre du 19 août 1994, dans laquelle il lui écrit qu'il ne le voit pas réussir dans une carrière artistique, qu'il n'est « déçu en aucune façon » et qu'il regrette qu'il « ne réussisse dans rien ». C'était une mauvaise sciatique qui touchait le nerf crural. Par moments, cela le clouait littéralement sur place, il était comme paralysé. En fait, ce devait être le début de son cancer de la moelle épinière, ou plus exactement de cette fameuse maladie de Kahler, celle-là même qui avait emporté Georges Pompidou. En général, on survit cinq ou six ans à cette « saloperie ». Heureusement, Jean a été si bien soigné qu'il a pu vivre plus longtemps dans de bonnes conditions. Le traitement était assez astreignant puisqu'il subissait une transfusion tous les mois. Au début, il restait vingt-quatre heures à l'hôpital, mais à la fin, ses séjours étaient de quarante-huit heures. Plus le temps passait, plus c'était long. Mais c'est grâce à tout ce sang neuf qu'il a pu se battre.

Des transfusions pour une sciatique ? Il ne s'en est jamais étonné ?

Non, parce qu'on mettait ça sur le compte d'autres problèmes de santé... C'était un bon malade. Il se disait « prêt », mais je suis persuadée qu'au fond de lui, il ne pensait pas mourir. Les acteurs ne sont pas comme nous : ils se croient immortels.

Pourquoi lui avoir caché la vérité sur sa maladie ?

Lorsque sa maladie a été diagnostiquée avec précision, le professeur Ziegler, qui l'avait pris en charge dans son service à l'hôpital de l'Archet, à Nice, m'a demandé si je pensais que c'était quelqu'un à qui on pouvait dire la vérité. Je lui ai répondu par la négative. Il n'aurait pas supporté de se savoir condamné, il aurait paniqué et certainement cherché à anticiper l'issue fatale.

C'était en 1991 ou début 1992. Quand j'ai appris la nouvelle, j'ai eu beaucoup de peine. J'ai immédiatement demandé au professeur quelles étaient ses chances de survie. Il m'a un peu rassurée en me répondant qu'à l'âge de Jean, la maladie n'évoluerait pas très vite. Je lui ai demandé de me promettre de ne pas le faire souffrir inutilement : il m'a de nouveau rassurée en m'affirmant qu'avec les moyens dont il disposait, Jean ne souffrirait pas.

Il ne m'a pas menti. Sans le savoir, Jean a même eu droit à un peu de chimiothérapie dans ses perfusions. Cela ne le fatiguait pas. Il prenait également un certain nombre de médicaments, mais nous mettions cela sur les soucis de santé propres à la vieillesse.

Vos rapports avec Jean ont-ils changé à ce moment-là ?

Non. Parce qu'après le choc, après la peine, il a fallu jouer le jeu que nous avions choisi. Et puis, je dois dire qu'au bout d'un certain temps, Jean supportant bien son traitement, nous nous sommes habitués à cette menace et nous avons fini par l'oublier. Bien sûr, il y a eu des moments où Jean avait mal, très mal, et où je me suis beaucoup inquiétée, mais après chaque alerte, il repartait de plus belle. De cela aussi, on prend l'habitude.

Une fois, une seule fois, j'ai vraiment cru que la fin était arrivée. Il s'était rendu à l'hôpital pour une transfusion et, lors de ce séjour, il a développé une sorte d'herpès et d'autres maladies infectieuses. Je l'ai trouvé tellement affaibli et dans un état si pitoyable que j'ai cru que c'était fini. Une fois encore, le professeur Ziegler m'a rassurée en me disant qu'il surmonterait l'épreuve. Et en effet, Jean a pu rejouer au théâtre dans *L'Arlésienne*[1], peu de temps après. Finalement, Jean est mort au moment où je m'y attendais le moins.

1. Le rôle du berger Balthazar que Jean Marais interpréta début 1997 dans *L'Arlésienne* d'Alphonse Daudet, mis en scène aux Folies-Bergère par Roger Louret, fut le dernier de sa carrière.

Avec qui pouviez-vous parler de ces problèmes dont Jean ne devait pas connaître la vraie nature ?

Je n'en parlais à personne, excepté avec Jo et les médecins. C'était assez dur, mais Jean ne donnait pas l'impression de souffrir terriblement et, heureusement, de mon côté, je me portais bien. Il serait mort de me savoir malade.

Avait-il établi un lien entre sa maladie du dos et les risques courus pour assurer lui-même ses cascades, tout au long de sa carrière ?

Oui, parce qu'automatiquement sa colonne vertébrale avait été malmenée. Mais ça n'était pas la cause de ses problèmes. Si le professeur Ziegler le lui disait, c'était pour « faire passer » le traitement. Si bien que Jean avait fini par en être persuadé.

À la fin de sa vie, lui est-il arrivé de se plaindre la nuit ?

Cela a dû arriver une fois ou deux, pas plus. Il a été brillant jusqu'au dernier moment. On voyait qu'il avait mal, mais il ne le disait pas.

Comment a-t-il réagi lorsqu'il a dû abandonner La Tempête, *sa dernière pièce ?*

À ce moment-là, il était mal, mais il ne voulait pas abandonner. Il souffrait sans se plaindre, mais les traits de son visage trahissaient parfois sa douleur. Le théâtre, c'était toute sa vie. Il disait toujours qu'il n'avait vécu que pour deux choses : le théâtre et le sexe. Je crois qu'il aurait voulu mourir sur scène. Devant un tel entêtement, le professeur Ziegler s'est vu contraint de dire à Roger Louret, le producteur, qu'il prenait un risque énorme en le laissant jouer. De toute façon, personne ne voulait plus l'assurer. Jean a dû se résoudre à rentrer à Vallauris pour se reposer… tout en gardant l'espoir de pouvoir reprendre la pièce un jour prochain. Malheureusement, il est parti en novembre 1998, trois mois après avoir déclaré forfait.

A-t-il été serein face à la mort ?

Il disait : « Ça ne me fait rien de mourir, ce qui me fait de la peine, ce sera de ne plus vous voir. » Pour lui, sa propre mort n'était pas un sujet tabou. Il en parlait volontiers. Il disait : « C'est honteux, j'ai eu une chance insolente toute ma vie et, si la mort ressemble à ma façon d'avoir vécu, je l'accepte déjà. J'ai pris la vie comme elle venait, je prendrai la mort comme elle viendra. »

Son vœu le plus cher aurait été de mourir sur scène. Il regrettait d'avoir été obligé d'interrompre les répétitions de *La Tempête* deux jours avant la générale[1]. Il m'avait dit : « Si j'étais mort à ce moment-là, on l'aurait interprété comme le comble du cabotinage, car Paris était couvert de mes affiches. »

Était-il las ?

Il en avait assez de ses séjours à l'hôpital, deux fois par mois pendant les deux dernières années de sa vie. Curieusement, quelques semaines avant sa mort, son état a semblé se stabiliser, et je suis sûre que lui-même ne pensait pas partir. Il était à un

1. La pièce de Shakespeare, mise en scène par Jean-Luc Revol au théâtre de l'Eldorado, dut être annulée au stade des répétitions. Jean Marais devait y reprendre le rôle de Prospero, jusque-là tenu par Michel Duchaussoy. Il fut remplacé par Georges Wilson.

mois de ses quatre-vingt-cinq ans et il ne pensait qu'à reprendre du poil de la bête afin de pouvoir remonter sur scène.

Malgré la fatigue, il s'est prêté au jeu des interviews jusqu'au bout...

C'est vrai, et cela nous étonnait toujours. Je me souviens l'avoir vu, dans un état d'extrême fatigue, accepter un rendez-vous avec un journaliste. Je me faisais chaque fois un sang d'encre... J'avais peur qu'il en fasse trop. Mais non. Dès que le journaliste arrivait, il se transformait littéralement... Un peu comme si on lui avait demandé de monter sur scène : il tenait son rôle de star comme un rôle pour le théâtre, et lorsque le journaliste lui posait sa première question, la fatigue qui marquait son visage quelques minutes plus tôt était complètement effacée. De le voir subitement rajeuni, à ce point souriant et, visiblement, en pleine forme, je n'en revenais pas moi-même ! La transformation était sidérante. Je finissais par me demander si ça n'était pas à Jo et moi qu'il jouait la comédie.

Devant tant de ressources, j'ai même fini par douter et me demander s'il ne s'ennuyait pas avec nous. Un jour, n'y tenant plus, je le lui ai demandé. Il m'a répondu : « Mais non, Nini... Je me dois. » J'ai compris alors que ces grands éclats de rire – alors qu'il souffrait terriblement – étaient des rires de comédien : un vrai rôle de composition.

14. Le grand départ

« La vie est morte, vive la vie ! »

Comment se sont passées les dernières heures ?

Dans la soirée du 7 novembre 1998, nous avons dîné avec Jean, comme d'habitude. Comme il n'était pas bien, j'ai demandé à Jo de rester la nuit au Préau. Jo s'est installé sur le canapé du salon en gardant l'œil ouvert. Pendant la nuit, il a vu que Jean avait allumé la lumière de sa chambre. Il s'est levé pour voir ce qui se passait. Jean était assis sur son lit, les traits marqués par la douleur. Jo m'a immédiatement prévenue et son médecin traitant est arrivé dans la minute. Devant la gravité de la crise, il l'a conduit directement à l'hôpital des Broussailles, à Cannes. Nous l'avons bien sûr accompagné, et nous sommes restés avec lui de 2 à 3 heures du matin. À cet instant, il allait mieux, il parlait normalement et nous étions un peu rassurés.

Le pire était passé. Nous nous sommes quittés en lui disant : « Repose-toi, on se revoit dans quelques heures. » Nous sommes rentrés à Vallauris pour nous coucher et nous sommes retournés à l'hôpital le lendemain, de 12 à 14 heures. Il était bien, il a plaisanté avec son médecin traitant. Nous devions revenir vers 18 heures. Mais à 17 heures, le téléphone a sonné. C'était l'hôpital. On nous annonçait que Jean n'était pas bien. En fait, il venait de mourir. Vous avez beau être forte, vous attendre à ce genre de chose, quand cela arrive, on n'est jamais prêt.

Jean est mort dans la nuit du 8 novembre 1998. Il a été enterré cinq jours plus tard, un vendredi 13.

Comment avez-vous fait face ?

Je me suis occupée de tout, mais je dois reconnaître que j'ai été beaucoup aidée par le service des pompes funèbres et par la municipalité.

Comment se sont déroulées les obsèques ?

La cérémonie a eu lieu à Vallauris, en l'église Sainte-Anne, le 13 novembre. Jo et moi étions assis au premier rang, sur la gauche, tandis que Serge, son épouse et une de ses filles se tenaient à droite. L'église était bondée. Nombre de ses amis ont dû suivre la cérémonie de l'extérieur, mêlés aux trois mille anonymes qui se pressaient derrière les barrières dressées pour l'occasion.

Le président Chirac, en déplacement à l'étranger, s'était fait représenter par son directeur de cabinet, Bertrand Landrieu. Catherine Trautmann, alors ministre de la Culture, a lu un texte en hommage à Jean, « homme d'honneur et de cœur ». « Jean Marais, a-t-elle dit, était le capitaine de tant de rêves qu'il a su rester le plus familier des héros. Il est aujourd'hui au royaume des poètes et des monstres sacrés. » Après cette intervention, le maire de Vallauris, Jean-Paul Bongiovanni, a exprimé toute la peine ressentie par les Vallauriens.

C'est le père Vincent Marchisio qui a célébré la messe. Dans son homélie, il a salué « le paroissien très croyant, homme simple et discret ». La messe s'est achevée par l'audition d'un texte dit par Jean, extrait d'un hommage qu'il avait lui-même rendu sur scène à Jean Cocteau, quelques années plus tôt. Cet hommage se terminait par ces mots : « J'ai une très grande nouvelle triste à vous annoncer : je suis mort... Je cède la place, la vie est morte, vive la vie ! »

Porté par quatre personnes, le cercueil en bois clair a quitté l'église sous les applaudissements de la foule. Puis tout le monde a accompagné Jean dans sa dernière demeure, au cimetière de Vallauris, à quelques pas de l'église.

Y avait-il des célébrités à cet enterrement ?

Fidèles parmi les fidèles, Jean-Pierre Aumont et son épouse étaient là, très émus. Mylène Demongeot, qui avait joué avec Jean dans la série des *Fantômas*, est venue en voisine, tout comme Georges Descrières. Il y avait aussi Francis Perrin, Marthe Villalonga, Jacques François, Michou, son voisin de Montmartre. J'en oublie certainement...

Avez-vous été surprise par l'ampleur de l'hommage rendu à Jean par les médias ?

Pas vraiment. C'était un bel hommage, à la hauteur du personnage. Pendant cinq jours, les journaux télévisés n'ont pas cessé de parler de Jean, toute la presse a salué sa disparition... Il faisait partie de ces légendes vivantes que le public adorait. Il avait marqué son siècle. Il était naturel que sa disparition fasse l'événement.

Avez-vous tout de suite pris la décision de fermer la galerie ?

Non. À ce moment-là, je ne pensais pas prendre ma retraite ! J'ai pris cette décision parce que Serge a attaqué le testament laissé par Jean et réclamé sa part de réserve. Je m'attendais bien à ce qu'il fasse quelque chose, mais je ne m'attendais pas à une prise de position aussi négative, surtout pour lui, d'ailleurs… Moi, Jean n'étant plus là, j'avais perdu toute motivation.

15. L’héritage

Mon testament

Quels étaient vos rapports avec Serge avant la mort de Jean ?

Je n'avais que peu de rapports avec lui. En vingt ans, il n'a rendu visite à son père adoptif que cinq ou six fois. Jean ne s'en offusquait pas, il disait même que cela lui faisait faire des économies ! Car chaque fois que Serge venait au Préau, c'était pour demander de l'argent.

S'est-il malgré tout inquiété de l'état de santé de son père ? Prenait-il de ses nouvelles ?

Non ! Il n'est pas allé voir Jean lors de ses longs séjours à l'hôpital. Sa toute dernière visite au Préau remonte à un mois avant la mort de Jean, en octobre 1998. Je me souviens d'une remarque que Jean nous fit tout de suite après son départ : il était très étonné parce que, pour une fois, Serge ne lui avait rien demandé... Ce qu'on ne lui a jamais dit, c'est que pendant que Jo le raccompagnait à l'aéroport, Serge lui a dit : « S'il arrive quelque chose à mon père, dis bien à Nini que ce sera 50-50 sur tout. »

Comment s'est-il manifesté le jour de la mort de Jean ?

Serge a appris la mort de Jean le lendemain, en écoutant la radio, avant même que nous ayons trouvé le temps de le joindre. Il s'est immédiatement précipité au Préau et s'est présenté chez nous vers 3 heures du matin, pour exiger l'ouverture immédiate de la maison, afin, disait-il, de se recueillir devant la dépouille de son père. Je lui ai répondu que c'était impossible : des scellés avaient été posés sur les ouvertures du Préau et la dépouille de Jean reposait chez nous. J'ai ajouté qu'à cette heure de la nuit il n'était pas question de le laisser entrer et qu'il pouvait bien attendre le lendemain matin. J'estimais qu'il n'avait pas rendu visite à son père de son vivant et qu'il pouvait attendre quelques heures pour le voir mort. Il est allé directement porter plainte contre nous au poste de police de Vallauris, pour obstruction…

Serge est resté huit jours à Vallauris chez des amis. Il montait chez nous tous les jours et s'enfermait dans la chambre où Jean reposait. Il m'évitait et ne m'adressait pas la parole. Il refusait même de prendre un café avec nous. Sa fille Jade et sa compagne Cathy l'ont rejoint le jour des obsèques.

Selon vous, qu'espérait-il ?

Sans doute un trésor caché… Mais il n'y avait rien à trouver car il n'y avait plus rien. Peu de temps après sa mort, il est revenu à Vallauris pour chercher les bijoux de Jean, mais il ne les a pas trouvés. Aussi, quand le commissaire-priseur est venu pour tout embarquer, je l'ai supplié de chercher un peu partout, de fouiller dans tous les cartons, les dossiers, parce que je savais que Serge pensait que je les avais pris. Effectivement, ces bijoux traînaient dans un carton… Mais il n'y avait plus grand-chose.

L'avez-vous revu depuis à Vallauris ?

Jamais. Je ne l'ai revu qu'une fois, à Montmartre, dans l'appartement que Jean occupait quand il séjournait à Paris. Nos avocats avaient organisé ce rendez-vous afin que Serge puisse récupérer les effets personnels de son père : quelques costumes, cravates et chaussures.

Comment se passe la succession ?

Péniblement. Serge conteste tout, même l'incontestable. Par exemple, il a fait mettre des scellés à Montmartre, sans aucun droit, puisque cet appartement est ma propriété et qu'il n'a jamais appartenu à Jean. Il m'a fallu trois ans pour être reconnue dans mes droits.

Et en ce qui concerne la maison de Vallauris ?

Pour le Préau, c'est la même chose. Il conteste le prix d'achat de la maison. Jean m'a vendu cette maison en viager en 1985. À sa mort, tout naturellement, j'en suis devenue propriétaire. Par ailleurs, tous les objets qui se trouvaient chez Jean ont été placés sous séquestre depuis avril 1999 ; ils le resteront tant que le jugement n'aura pas été prononcé. Parmi ces objets, il y a de nombreux dessins de Cocteau, des céramiques et deux toiles de Picasso, des meubles…

Vous êtes pourtant, selon les vœux et le testament de Jean, sa légataire universelle ?

Oui, comme en atteste le document que je vous confie bien volontiers[1]. Cela n'empêche pas Serge

1. Voir Annexes, p. 181.

de continuer à me contester ce droit. Tel n'est pas le cas du fisc, qui m'a bien reconnue comme telle, et a exigé de moi le versement d'un million de francs à titre conservatoire...

16. Après

Un long voyage

Vous manque-t-il aujourd'hui ?

Forcément. Et bizarrement, c'est maintenant, cinq ans après sa disparition, qu'il me manque le plus. Sur le coup, je n'ai pas pleinement réalisé ce qui s'était passé. Dans mon inconscient, je devais me dire qu'il finirait par revenir d'un long voyage. Aujourd'hui, je sais qu'il ne reviendra pas, jamais. De son côté, c'est dans les premiers temps que Jo a eu le plus de difficulté à accepter la mort de Jean. Allez savoir pourquoi...

D'une certaine façon, peut-on dire que Jean reste omniprésent dans votre vie ?

C'est vrai que la maison est imprégnée de son souvenir, que nous l'évoquons souvent et qu'il m'arrive de penser à lui pour des choses simples... quand je prépare des poivrons, par exemple. Je me remémore la façon dont il les aimait. C'est tout bête. Il nous a quittés sans nous quitter. Mais nous étions trois et nous sommes deux : cela n'est pas toujours aussi simple à vivre. Et bien que sa maison soit souvent occupée par des amis, elle n'a plus d'âme. C'est toujours avec une certaine tristesse que je la regarde chaque jour, puisque nos deux maisons se touchent.

Éprouvez-vous du bonheur à évoquer sa mémoire ?

Le bonheur, je l'ai eu quand il était là. Maintenant, ma mission, si je peux parler d'une mission, c'est d'assurer que sa mémoire ne soit pas oubliée, tant qu'il y aura des gens pour se souvenir de lui. Et c'est le cas. La ville de Vallauris, de ce point de vue, est très active. Le nouveau maire, Alain Gumiel, s'efforce de relancer le Festival Jean Marais[1]. Une soirée en son honneur a été donnée le 13 août 2003 en présence de Jean-Claude Brialy[2]. Et je sais qu'une rue portera bientôt son nom dans le village… C'est un bel hommage.

Avec le recul, regrettez-vous d'avoir fermé la galerie ?

Elle n'est pas réellement fermée, puisque c'est devenu un musée municipal. J'ai pris cette décision parce que je n'avais pas envie de travailler pour Serge. J'avais créé cette galerie pour Jean, parce qu'il fallait que l'argent rentre. Sans lui, je n'ai plus la même motivation ni les mêmes besoins. J'ai donc cédé les locaux à la ville de Vallauris. Tant que la succession n'est pas réglée, les pièces qui y sont présentées sont prêtées. Je compte bien les donner par la suite.

---

1. Le premier Festival Jean Marais a été inauguré en juillet 1990. Nicolas Briançon en a assuré la direction pendant trois ans.
2. C'est dans le Théâtre en plein air, nouvellement baptisé « théâtre Jean-Marais », qu'a été rendu cet hommage, au cours duquel Jean-Claude Brialy a pu évoquer comment, jeune militaire affecté au service Cinéma des armées, il organisa des spectacles avec Gaby Morlay, Edwige Feuillère ou Jean Marais dans *La Machine infernale* de Jean Cocteau.

Le public se rend-il toujours sur sa tombe ?

Oui, sa tombe est constamment fleurie. De nombreuses lettres et des petits mots sont déposés au pied de la statue en bronze, inspirée de *La Belle et la Bête...*

ANNEXES

I. LETTRES DE JEAN MARAIS À NINI PASQUALI

Le 27 novembre 1977

Ma Nini chérie, cher Jo,

Nous changeons de pays et de ville presque chaque jour. Il est 7 heures du soir, dans quelques instants j'irai au théâtre et ce sera une nouvelle aventure. Chaque fois c'est différent et nous nous heurtons à des problèmes souvent « incroyables ». Il n'y a qu'à les accepter en essayant de les résoudre et de garder le moral. Mais nous avons partout, malgré un manque de mise au point certain, un énorme succès.

Bien sûr je pense à vous deux sans cesse et avec tendresse et aussi avec une grande reconnaissance. Non seulement j'ai trouvé des amis qui me donnent le goût de vivre mais encore des amis qui passent leur temps à m'arranger la vie et tous ses problèmes. Quand je rentre chez moi c'est surtout de vous voir qui me donne un grand bonheur. Avec vous je me sens bien et heureux. Je vous aime de tout mon cœur.

Je vous embrasse très fort avec une énorme affection.

Votre

Jean

Le 8 mars 1986

Ma Nini chérie

Veux-tu envoyer à l'adresse de la lettre ci-jointe, pour SOS Enfants sans frontières une belle poterie - par exemple la jeune femme avec un vase sur la tête, la dernière que j'ai prise pour moi. Je t'embrasse

des milliers de fois

Je m'ennuie de toi et de Jo -

Jean

ଓଃ

18-2-81

Adorable Nini, martyre de l'affreux Jean Marais

Que d'ennuis je te donne, que de travail, que de temps je te prends ainsi qu'à Jo. Merci pour tout et pardon. Dans le courrier tu m'as mis une lettre à toi. Je te la renvoie. Je t'embrasse, et Jo beaucoup, beaucoup et avec tendresse

Jean

ଓଃ

Le 8 mars 1986

Ma Nini chérie,

Veux-tu envoyer à l'adresse de la lettre ci-jointe, pour SOS Enfants sans frontières une belle poterie – par exemple la jeune femme avec un vase sur la tête, la dernière que j'ai prise pour moi. Je t'embrasse des milliers de fois.
Je m'ennuie de toi et de Jo.

Jean

ଓଃ

Le 22-1-87

Ma Nini chérie,

J'espère que ton dos te fait moins souffrir. Je pense à toi très tendrement. Le studio est presque fini et je le trouve très sympathique et chaud mais je pense sans cesse que c'est grâce à toi et je t'en suis reconnaissant. Je te joins une lettre d'une dame belge au cas où cela t'intéresserait.

Je t'embrasse encore et encore,
ton

Jean

Bordeaux le 29 novembre 88

Ma Nini chérie,

Voici le chèque pour la statue de Michel Simon. Cela te servira aussi pour le coulage de celle de Marcel Aymé[1].

Tu me manques et je te remercie encore de la surprise de Genève. J'aimerais en avoir comme celle-là tous les jours.

Je t'embrasse ainsi que Jo,
ton Vieux

Jean

1. Voir note p. 42.

Bordeaux

Le 20-11-92

Ma Nini chérie,

Je profite de ce courrier pour déposer sur ton front et sur tes joues mille bises tendres. Soigne-toi, je t'en supplie.

Ton vieux

Jean

Monte-Carlo

Le 26 février 95

Ma chérie,

Je suis désolé de ce qui t'arrive mais surtout désolé que tu en souffres autant et aussi de ne pas te voir cet après-midi. Cela t'aurait changé les idées. Les objets, l'argent, cela a moins d'importance que ta santé. Je me fais des soucis pour ton moral. Réagis, je t'en supplie. Je te joins la lettre pour le collège Jean Cocteau. Je trouve qu'il s'y prend tard. Il faut peut-être que Christian le fasse en terre puis coupe et ensuite le refasse en bronze.

Je pense à toi très fort et très tendrement,

ton

Jean

Siena

Le 24 juin 1995

Nini chérie,

Voilà la lettre que j'envoie à Pierre Bergé. Tu ne m'as pas dit ce que pensait ton avocat. Je pense à toi beaucoup et à Jo, ma vraie famille que j'aime, je vous embrasse tous les deux très fort,

Jean

Siena

Le 12-7-95

Nini chérie,

Pour que tu saches…
Avec 1.000.000.000.000.000 de baisers,

Jean

– P.S. donne un peu de baisers à Jo
Bonne fête ma chérie,

Paris

Le 20 février 1997

Ma Nini chérie,

Voilà le papier pour Catagnoni. Comme toujours je n'y comprends rien. Je suis vraiment un minus ! Heureusement que je t'ai, mon ministre chéri.

Je t'embrasse sur ton cœur adorable

Jean

ↂ

[*sans date*]

Ma Nini chérie,

Je t'aime
Ton vieux cabot

Jean

ↂ

[*sans date*]

Paris, si loin de Vallauris

Ma chérie,

Voici plein de travail, pardon
Je t'embrasse, je t'embrasse,
Je t'embrasse et Jo

Jean

ꝏ

[*sans date*]

Ma Nini chérie,

Je reste anéanti par ton coup de téléphone m'annonçant la mort de Ralph. Je l'imagine essayant de remonter sur le bord et n'y arrivant pas.

Je pense à ta peine et à celle de Jo. Je vous embrasse très tendrement tous les deux

votre vieux

Jean

ꝏ

[*sans date*]

Voilà ma Nini chérie.
Villain s'écrit avec 2 « l »
hi ! hi ! hi ! hi !
ton vieux

Jean

qui t'embrasse avec tendresse.

II. LETTRE DE JEAN MARAIS À Me JEAN LEPLAT

Vallauris
Villa « Le Préau »

Le 20 septembre 1995

à Maître Jean Leplat
06000 Antibes

Cher Maître

Cette lettre pour vous dire ma volonté de me désister de l'héritage de Jean Cocteau qui avait eu la bonté de me mettre en second sur son testament, Monsieur Dermit étant en premier et Mademoiselle Weisweiller en troisième. Monsieur Dermit ayant onze ans de moins que moi, je pensais et j'espérais être le premier à partir. Puisque le destin en a décidé autrement et sachant que Jean Cocteau ne m'a cité que par élégance amicale, je n'hésite pas à abandonner cet héritage, trouvant que Monsieur Jean Cocteau m'a déjà tant donné durant sa vie.

Je vous serais très reconnaissant de faire le nécessaire afin que les choses soient comme je le désire.

Avec toute mon admiration et mon amitié,

Jean Marais

Cher Maître

Cette lettre pour vous dire ma volonté
de me désister de l'héritage de
Jean Cocteau qui avait eu la bonté
de me mettre en second sur son
testament, Monsieur Dermit étant
en premier et Mademoiselle Weisweiller
n troisième. Monsieur Dermit ayant
nze ans de moins que moi, je pensais
t espérais être le premier à partir.
uisque le destin en a décidé autrement

et sachant que Jean Cocteau
ne m'a cité que par élégance
amicale je n'hésite pas à abandonner
cet héritage trouvant que Monsieur
Jean Cocteau m'a déjà tant
donné durant sa vie.
Je vous serais très reconnaissant
de faire le nescessaire afin que
les choses serent comme je le
désire
avec toute mon admiration
et mon amitié

Jean Marais

III. LETTRES DE JEAN MARAIS À HELENA TURYSHEVA[1]

Vallauris

Le 25 août 1995

Helena

Quelle gentille lettre que la vôtre ! Je ne tiens pas à vivre trop longtemps et être un poids pour ceux qui m'aident à vivre.

Pourquoi ne parlerai-je pas de la mort puisque c'est notre destin à tous ? De plus, je n'en ai aucune crainte.

J'espère et je souhaite que vous soyez heureuse.

Mille amitiés,

Jean Marais

❧

Vallauris

Le 9 février 1996

Chère Héléna

Bravo pour vos dessins d'enfant. J'en suis très touché. C'est curieux le roman de votre amie

1. Traductrice russe et amie de Jean Marais.

française, car je connais un couple. Lui, Jo, était amoureux alors qu'il avait 10 ans de moins que Nini qui en avait 20, maintenant ils sont mari et femme depuis 35 ans. Ce sont mes plus grands amis et ils m'aident pour tout. Ils sont devenus ma famille. Ils habitent la maison voisine et nous vivons presque ensemble.

Merci de votre adorable lettre et des photos des dessins.

Je vous embrasse, tant pis pour vous, étant un vieux de 82 ans.

Jean

Vallauris

Le 6 avril 1998

Chère Héléna,

Ne soyez pas inquiète pour moi, il est normal qu'à mon âge on ait des ennuis de santé. C'est la justice d'avoir eu tous ces privilèges. Ce que vous voyez à la télévision, ce doit être de vieilles émissions, mais de toute façon je ne vais pas jouer les malades.

Ne parlant pas russe je ne pourrai pas me rendre compte de la traduction, pardon.

Pardon aussi mais mon état de santé ne me permet pas de rencontres. Je vais envoyer ce mot à votre amie car nous sommes déjà le 6 avril.

Chère Héléna, je vous souhaite, vous, en bonne santé et je vous embrasse bien fort.

Jean

IV. « MON PLUS BEAU NOËL », PAR JEAN MARAIS

Mon plus beau Noël ? C'est peut-être mon premier train électrique ! Je devais avoir douze ans, vers 1925, j'habitais à Chatou. Je me souviens qu'on me laissait le salon pour moi tout seul. Je transformais les fauteuils en montagnes avec du papier gris. Je fabriquais des tunnels, j'inventais des scénarios avec des soldats de plomb. Quand j'en mettais un sur les rails, je faisais dérailler le train. J'imaginais aussi que les soldats attaquaient les wagons.

Outre ma mère, je vivais avec ma grand-mère et ma grand-tante. Elles étaient très catholiques, mais il n'y avait pas de crèche à la maison. En revanche nous allions à la messe de minuit. Ma mère y chantait souvent, elle avait une voix d'opéra très claire, très nette. J'étais tellement fier de l'entendre chanter ! Plus tard, j'ai souvent passé le réveillon sur scène. C'est d'ailleurs ce que j'ai fait cette année. C'est ce qui me fait le plus plaisir, puisque c'est mon jeu favori.

Quand j'étais enfant, j'adorais déjà me déguiser. Je me promenais même en costume dans la rue.

Avec Jean Cocteau, nous ne faisions pas vraiment de réveillon, simplement un dîner. Je me rappelle certains de ses cadeaux, notamment une tête en pierre qu'il m'avait rapportée de Grèce. Ou alors, il m'offrait un dessin dédicacé.

Pour moi aujourd'hui, le Noël idéal consiste à retrouver mes amis, M. et Mme Pasquali à Vallauris. Cela fait vingt ans que je les connais. Lui m'a appris à tourner la terre, pour réaliser mes poteries. Elle, en plus d'être ma meilleure amie, est à la fois mon ministre des Finances et mon ministre de l'Environnement. Un gouvernement à elle toute seule ! Les Pasquali sont devenus comme une famille, ils m'ont enlevé tous mes soucis.

(Propos recueillis par Marie Sauvion,
Le Parisien, *24 décembre 1993.)*

V. TESTAMENT DE JEAN MARAIS

À Vallauris

Le 15 décembre 1996

Ceci est mon testament qui révoque toutes dispositions antérieures.

Je soussigné Jean Alfred Villain Marais dit Jean Marais, à ce jour sain de corps et d'esprit, déclare Madame Joseph Pasquali, demeurant à l'Orée de Cannes, 1366 chemin du Cannet, ma légataire universelle et à défaut son mari Monsieur Joseph Pasquali, habitant la même adresse que sa femme.

Madame et Monsieur Pasquali m'ont si merveilleusement aidé pendant de longues années, j'ai pour eux une énorme affection et une énorme reconnaissance.

Sur ma prière Madame Pasquali m'a acheté ma maison de Vallauris sise 1196 chemin du Cannet et pour laquelle elle me verse régulièrement ma rente viagère. Bien entendu, je lui lègue donc tout ce qui se trouve dans ma maison, meubles, objets, œuvres d'art, etc. Je tiens à préciser que les galeries Jean Marais sont ses œuvres, que ces galeries n'auraient jamais existé sans Madame Pasquali et que tout ce qui se trouve dans ces galeries, poteries, sculptures, dessins, peintures, lui appartiennent puisque Madame Pasquali me les a payés.

A Vallauris

le 15 décembre 1996

Ceci est mon testament qui révoque
toutes dispositions antérieures.
Je soussigné Jean Alfred Villain Marais
dit Jean Marais, à ce jour sain
de corps et d'esprit, déclare Madame
Joseph Pasquali, demeurant à
l'Orée de Cannes 1366 chemin du
Cannet, ma légataire universelle et
à défaut son mari, Monsieur Joseph
Pasquali, habitant la même adresse
que sa femme.
Madame et Monsieur Pasquali m'ont
si merveilleusement aidé pendant de
longues années, j'ai pour eux une
énorme affection et une énorme reconnaissance

Fait à Vallauris le 15 décembre 1996

Jean Marais

Ainsi que je le raconte dans mon livre *Histoires de ma vie* paru aux éditions Albin Michel en 1975, au chapitre 22, pour des raisons de service militaire j'ai reconnu Serge qui biologiquement n'a jamais été mon fils, mais depuis la fin des années 1959 (ou au début 1960) je m'étais pris d'affection pour lui et jouais les pères avec plaisir, je lui fis donner des leçons de chant, je lui ai mis bien des fois le pied à l'étrier, mais non seulement il n'a eu aucune envie de travailler mais ne prend de mes nouvelles que pour me demander de l'argent, et il n'a aucune marque d'affection pour moi.

L'indifférence et l'ingratitude de Serge envers moi sont telles que je décide de le désavouer comme étant mon fils naturel.

C'est donc un désaveu de reconnaissance pour ingratitude que je formule ici.

Je désire des funérailles simples. Si je meurs à Vallauris je veux être inhumé à Vallauris, sinon où ce sera le plus commode.

Fait à Vallauris le 15 décembre 1996,

Jean Marais

VI. Jean Marais répond au questionnaire de Proust

Ma vertu préférée	La simplicité
Le trait principal de mon caractère	La patience
La qualité que je préfère chez un homme	Le génie
La qualité que je préfère chez une femme	La simplicité
Mon principal défaut	D'aimer la solitude
Ma principale qualité	L'exactitude
Ce que j'apprécie le plus chez mes amis	L'indulgence
Mon occupation préférée	Le théâtre
Mon rêve de bonheur	Ce n'est pas un rêve, je le possède
Quel serait mon plus grand malheur	Celui que Dieu voudra
À part moi-même, qui voudrais-je être	Jésus-Christ
Où aimerais-je vivre	Où je suis
La couleur que je préfère	Le bleu

L'oiseau que je préfère Fous

Mes auteurs favoris en prose Mme de Lafayette Jean Cocteau

Mes poètes préférés ~~Mme de Lafayette~~ Jean Cocteau Villon

Mes héros dans la fiction Fabrice del Dongo, L'Idiot

Mes héroïnes favorites dans la fiction La princesse de Clèves, Marguerite Gautier

Mes compositeurs préférés Haendel, Mozart, Bach

Mes peintres favoris Vermeer, Michel-Ange, Picasso

Mes héros dans la vie réelle Jésus Christ, Pierre Curie

Mes héroïnes dans la vie réelle Mme Marie Curie, Marie Madeleine

Mes héros/héroïnes dans l'histoire Gandhi, Général de Gaulle, Gal Leclerc

Mes prénoms favoris Marie, Jean

Ma nourriture et boisson préférées pommes de terre. Vin blanc sec

Ce que je déteste par dessus tout Les guerres, le terrorisme le racisme

Les personnages historiques que je n'aime pas Les conquérants, Hitler, Attila

Les faits historiques que je méprise le plus Les crimes commis au nom de la religion

Le fait militaire que j'admire le plus Aucun

La réforme que j'estime le plus La future Europe

La fleur que j'aime	Toutes
L'oiseau que je préfère	Tous
Mes auteurs favoris en prose	Mme de Lafayette, Jean Cocteau
Mes poètes préférés	Jean Cocteau, Villon
Mes héros dans la fiction	Fabrice del Dongo, l'Idiot
Mes héroïnes favorites dans la fiction	La princesse de Clèves, Marguerite Gautier
Mes compositeurs préférés	Haendel, Mozart, Bach
Mes peintres favoris	Vermeer, Michel-Ange, Picasso
Mes héros dans la vie réelle	Jésus-Christ, Pierre Curie
Mes héroïnes dans la vie réelle	Mme Marie Curie, Marie Madeleine
Mes héros/héroïnes dans l'histoire	Gandhi, général de Gaulle, général Leclerc
Mes prénoms favoris	Marie, Jean
Ma nourriture et boisson préférées	Pommes de terre, vin blanc sec
Ce que je déteste par-dessus tout	Les guerres, le terrorisme, le racisme
Les personnages historiques que je n'aime pas	Les conquérants, Hitler, Attila
Les faits historiques que je méprise le plus	Les crimes commis au nom de la religion
Le fait militaire que j'admire le plus	Aucun
La réforme que j'estime le plus	La future Europe

Le don de la nature que je voudrais avoir	Musicien
Comment j'aimerais mourir	Comme cela sera
L'état présent de mon esprit	Serein
La faute qui m'inspire le plus d'indulgence	Toutes
Ma devise	Aimer
À partir de quel patrimoine vous estimez-vous riche?	Lorsque je suis heureux
L'argent, qu'est-ce pour vous ?	Je l'ai toujours considéré comme de l'argent de poche
La sexualité, qu'est-ce pour vous ?	J'y ai attaché trop d'importance
Quelle promesse politique vous paraît la plus illusoire ?	Toutes
Quelle est pour vous la politique idéale ?	Aucune
Qui est (ou qu'est-ce) Dieu pour vous ?	L'espoir

Table

ANNEXES

Cet ouvrage a été composé
par Atlant'Communication
aux Sables-d'Olonne (Vendée)

Imprimé sur les presses
de l'imprimerie France-Quercy à Cahors (Lot)
en novembre 2003
pour le compte des Éditions de l'Archipel
département éditorial
de la S.A.R.L. Écriture-Communication.

Imprimé en France

N° d'édition : 646 - N° d'impression : 32583/
Dépôt légal : novembre 2003